回忆托尔斯泰

Воспоминания о Л. Толстой

〔苏联〕高尔基 著

巴金 译

人民文学出版社

图书在版编目（CIP）数据

回忆托尔斯泰／（苏）高尔基著；巴金译．—北京：人民文学出版社，2020
ISBN 978-7-02-015777-8

Ⅰ．①回… Ⅱ．①高…②巴… Ⅲ．①托尔斯泰（Tolstoy, Leo Nikolayevich 1828-1910)—回忆录 Ⅳ．①K835.125.6

中国版本图书馆CIP数据核字（2019）第216730号

责任编辑	徐子苪
装帧设计	李思安
责任印制	苏文强

出版发行	人民文学出版社
社　　址	北京市朝内大街166号
邮政编码	100705
网　　址	http://www.rw-cn.com
印　　刷	三河市中晟雅豪印务有限公司
经　　销	全国新华书店等
字　　数	57千字
开　　本	787毫米×1092毫米　1/32
印　　张	4.625　插页1
版　　次	2020年5月北京第1版
印　　次	2020年5月第1次印刷
书　　号	978-7-02-015777-8
定　　价	39.00元

如有印装质量问题，请与本社图书销售中心调换。电话：010-65233595

目录

001　　◈ 前　言

001　　♡ 笔　记

071　　M 一封信

列夫·托尔斯泰[*]

＊ 本文最初发表在一九一九年九月和十月的《艺术生活》日报上。当时刊出的就是作者在《前言》中提到的失而复得的笔记。其实这些笔记并未遗失，从一九〇六年到一九一三年年底作者都在国外，笔记一直保存在他的前妻叶卡特林娜·巴甫洛夫娜那里，他回国以后，叶卡特林娜就把笔记交还给他了。一九一九年发表的《回忆录》只有三十六节。同年出版的《关于列夫·尼古拉耶维奇·托尔斯泰》单行本中除了《笔记》外，还有一九一〇年作者得到托尔斯泰"出走"和逝世的消息时写给柯罗连科的《一封信》。信始终未写完，因此也一直没有寄给受信人。一九二三年作者又用《关于列夫·托尔斯泰的笔记》这个标题在《交谈》杂志第一期上发表了八则新的笔记。

前 言

这本小书是根据我在奥列依节[1]写的一些片段的笔记编成的。那时候[2]托尔斯泰住在加斯卜拉[3]，他起先患着重病，以后病渐渐好起来，就在那儿养息。我当时随随便便地在一些纸片上写下这些笔记，我以为它们已经散失了，可是最近我又寻到了它们中间的一部分。我在它们后面附了一封未写完的信，这封信是当初我得到列夫·尼古拉耶维奇离开雅斯纳雅·波良纳[4]"出走"和他去世的消息时写下来的。我现在发表它，一个字也没有

---

[1] 奥列依节：在雅尔达附近。
[2] 指一九〇一年末到一九〇二年初这一段时期。
[3] 加斯卜拉：在俄国南部的克里米亚半岛上。
[4] 雅斯纳雅·波良纳：托尔斯泰出生及居住的地方。

修改,完全依照它原来的内容。而且我也不把它写完,因为不知道什么缘故,我总觉得要写完它是不可能的。

笔 记

一

　　比一切其他的思想更常来苦恼他的,显然就是关于上帝的思想。有时候它好像并不是一个思想,却是对于某种他觉得是比他高的东西的顽强抵抗。关于它,他所说的话倒比他所想说的少得多,然而他始终在想着这个问题。我不相信这是一个年老的征兆,一个关于死亡的预感;我以为这是从他那出色的人的骄傲上来的,并且多少还有一点是从一种屈辱的感觉上来的:因为像他列夫·托尔斯泰这样的人还不得不拿自己的意志去顺从某种链状球菌,这件事叫他感到耻辱。倘使他是一个自然科学家,他一定会推想出一些天才的假设,而完成一些伟大的发现。

笔记 ♡

二

他的两只手生得很古怪：它们难看，上面高高低低地布满了胀人的血管，然而它们又显得富于特殊的表现力和创造力。莱阿那多·达·芬奇①可能有这样的手。人有这样的手便可以做出任何的事情。有时候他一面说着话，一面伸动他的手指，渐渐地把它们捏拢成一个拳头，随后又突然放开，还说几句美丽的、很有意义的话。他好像是一位神，却又不是沙白阿斯②，也不是奥林普斯山上的神③，他是一位"坐在金色菩提树下的枫树宝座上面的"俄国神，他并不十分威严，可是他也许比所有其他的神都更聪明。

---

① 莱·达·芬奇（1452—1519）：意大利的雕刻家、画家、建筑师和工程师。
② 沙白阿斯（Sabaoth）：希伯莱人用来赞美耶和华的字眼，沙白阿斯的意思是"万军"，他们称耶和华为万军之耶和华，把天上的星都看作他的军队。
③ 希腊神话，奥林普斯山上住着宙斯等十二位神。

三

他对待苏列尔席次基①用的是一种女人的温存。对待契诃夫他却用了一种父性的爱,这里面含得有一个创造者的骄傲的感情;而苏列尔则引起了他的温存,一种持久的兴趣和一种连魔术家也似乎永远不会感到厌倦的赞赏。这种感情中或许有一点点可笑的成份,就像一个老处女对一只鹦鹉、一只小狗或一只雄猫的爱那样。苏列尔是一种从某一个完全陌生的外国飞来的可爱的、自由的小鸟。像他这样的人要是有一百个的话,那么就可以把一个外省城市的面目和灵魂改变过来。他们会毁坏那个城市的面目,并且在它的灵魂里装满那种追求狂

---

① 列·安·苏列尔席次基(1872—1916):一个年轻的艺术家,托尔斯泰的忠实的信徒,因为不肯服兵役曾被流放到中央亚细亚。他后来参加了莫斯科艺术剧院的工作,一九〇五年起担任艺术剧院的导演。托尔斯泰一家的人常常把他的姓缩短为"苏列尔"。

笔记 ♡

热而出色的恶作剧的热情。要爱上苏列尔,是容易的,并且是愉快的,所以我看见女人们对他冷淡的时候,我居然感到了惊讶和愤慨。也许在这冷淡下面隐藏了一种谨慎。苏列尔也并不是可以信任的。他明天会做些什么呢?也许他会去丢一个炸弹,也许他会去参加酒店的唱歌班子。他有着足够三个人同时消耗的精力,又有像烧红的铁块那样发射火花的生命的火。

然而有一天托尔斯泰却对苏列尔大发脾气。列奥波立德①有一种无政府主义的倾向,常常热烈地谈起个人的自由。而在这种时候,列·尼总要把他嘲笑一番。

我记得苏列尔席次基在什么地方弄到了一本克鲁泡特金公爵②写的薄薄的小册子。他兴奋起来,整天大吹无政府主义的真谛,并且滔滔不绝地大谈哲学。

"列伏希卡③,不要讲了,我听腻了,"列·尼厌烦地说。"你像一只鹦鹉似地老是在重复着一个字眼:自由,自由。……它究竟是

---

① 列奥波立德:苏列尔席次基的名字。
② 彼·克鲁泡特金(1842—1921):俄罗斯的公爵,无政府主义的理论家。二月革命后返国,一九二一年二月在莫斯科病故。
③ 列伏希卡:列奥波立德的爱称。

什么意思呢？倘使你得到你所想的、你所想象的那种自由，那么你会给它引到什么地方去呢？从哲学的观点来说，是到虚无。而在生活中，在实际上，你会变成一个懒人，一个寄生虫。要是你真是像你所说的那样自由了，那么还有什么来把你跟生活，跟人们联系起来呢？你看鸟是自由的，然而它们还要造鸟窝。至于你呢，你连一个窝也不肯动手去造，你像一只公狗那样，到处去解决你的性欲。你认真地想一想，你就会看见，你就会感觉到归根究底，自由不过是空虚，是无限罢了。"

他生气地皱起眉头，沉默了一会儿，又压低声音说下去：

"耶稣是自由的，佛陀也是自由的，他们两个人把全世界人所犯的罪担在自己的肩上；他们自愿地做地上生活的俘虏。没有人，没有一个人比他们走得更远一点。……至于你，至于我们……我们做过了什么呢？我们都在想法免除我们对我们邻人的义务，然而使我们成为人的却正是这种义务的感情，而且要是没有了这种感情，那么我们就会活得跟禽兽一样了。……"

他带了讥讽的微笑接着往下说：

"现在，我们还在辩论所谓较好的生活应该是什么样的一种生活。辩论的结果不会有多大的好处，可是也不会太少。譬如说，你在跟我争论，你气得那么厉害，连你的鼻子也变青了，可是你却不动手打我，连骂也没有咒骂过我。然而要是你真正觉得自由了的话，你会把我痛打一顿，我就是这个意思。"

他又沉默了一会儿，再接着说：

"只有在我周围的一切人和一切事物跟我一致的时候，我才是自由的，然而到了那个时候，我已经不存在了，因为我们只有在冲突与矛盾中才感觉到我们自己。"

四

戈尔登淮塞尔①弹了萧邦②的乐曲,引起列夫·尼古拉耶维奇发表了下面的意见:"我不记得哪一个德国小邦的国王说过这样的话:'人要是想养奴隶,他就得尽量地多作乐典。'这倒是正确的想法,精确的观察:音乐使人心麻痹。天主教徒比任何人都更明白这个。不用说,我们的教士绝不肯在教堂里弹奏门得尔孙③的乐曲。一个图拉④的教士有一天甚至对我确切地证明说,耶稣并不是犹太人,虽然他是一个犹太上帝的儿子,他的母亲是一个犹太女人;——这一点他倒是承认的,可

---

① 亚·包·戈尔登淮塞尔:一八七五年生,卒年不详;苏联著名钢琴家和作曲家。那些日子里他常到托尔斯泰家里去弹琴。一九二二年他的日记在莫斯科刊行,标题是《在托尔斯泰的近旁》。
② 弗·萧邦(1810—1849):波兰作曲家和钢琴家。
③ 门得尔孙(1809—1847):德国籍犹太音乐家。
④ 图拉:俄国中部的一个城市。距雅斯纳雅·波良纳图拉约七英里。

是他又说:'这不可能。'我问他:'那么怎样呢?'他把肩头一耸回答我说:'我以为这是不可思议的!'"

五

列夫·尼古拉耶维奇说:"知识分子很像那个加里西亚的公爵,符拉季米尔科,他远在十二世纪就敢于'大胆地'公开说:'在我们这个时代再没有奇迹了。'他说了这句话以后,六百年又过去了,知识分子仍然反复地互相说:'不再有奇迹了,不再有奇迹了。'可是人民还继续相信着奇迹,就跟在十二世纪一样。"

六

他说:"少数人需要一个上帝,因为他们除了上帝以外什么东西都有了,多数人也需要上帝,因为他们什么东西都没有。"

我的意见跟他的不同,我倒想说:"多数人因为他们胆小而信仰上帝,只有少数人信仰上帝是因为他们的灵魂充实。"①

"你喜欢安徒生②的童话么?"他带着沉思的样子问我道。"当初玛尔科·沃弗奇科的译本出版的时候,我还不了解它们,可是过了十年我再拿起那本小书来读,我一下就明白安徒生是非常孤寂的。非常孤寂。我

---

① 为了避免误解,我应当说明:我是把宗教著作当成文学作品的;我还把释迦、基督、穆罕默德的传记都当成想象的小说来看。——作者。
② 汉·安徒生(1805—1875):丹麦童话作家。

不了解他的生活。我相信他的生活是放荡的，而且他常常旅行，走过的地方很多，可是这只是证实了我的想法：他是孤寂的。他正因为这个缘故，才写给儿童们念的东西，他以为儿童比成人有更多的怜悯心，这个见解是错误的。儿童对什么都不会怜悯，他们是不能够怜悯的。"

七

他劝过我念佛经。谈起佛教和基督来他总是带着感伤的调子；特别是谈到基督时他的言辞显得贫弱：他的话里面没有热忱，没有感动，也没有一线火花从他的心里发射出来。我觉得他把基督当作一个天真的、值得我们怜悯的人，他虽然也常常赞美基督，他却并不见得爱基督。我还觉得他好像在担心：万一基督到了一个俄罗斯乡村里来，那些荡妇、娼妓会把他大大地戏弄一番。

八

今天尼古拉·米哈依洛维奇大公爵在那儿,他好像是一个很聪明的人。他态度谦逊,讲话不多。他有着温和可亲的眼睛,堂堂的相貌和安详的举止。列·尼和薏地对他微笑,跟他有时讲法国话,有时讲英国话。他又用俄国话对他说:

"卡拉姆津①为了沙皇写作,索洛维约夫②写得冗长而乏味,克柳切夫斯基③却是为了自己的消遣写作的。他太狡猾:你读他的文章,你相信他在赞美,可是你仔细想一下,你就看出来他是在咒骂了。"

有人提起了扎别林④

---

① 尼·米·卡拉姆津(1766—1826):俄国历史学家和小说家。
② 谢·米·索洛维约夫(1820—1879):俄国历史学家。
③ 瓦·奥·克柳切夫斯基(1841—1911):俄国历史学家。
④ 伊·叶·扎别林(1820—1908):俄国历史学家和考古学家。

笔记 ♡

的名字,列·尼说:

"他很好。一个道地的司书。一个古董爱好者,他不管是有用或者没用的东西,全搜集在一块儿。他讲到食物的时候,好像他从来没有吃饱似的。不过他是非常、非常有趣的。"

九

他使我想起那班朝山的香客,他们一生就是捏着短棒跨着大步,步行千万里①路,从这一个寺院走到那一个寺院,从这一位圣者的遗骨看到那一位圣者的遗骨,永远无依无靠,对一切人和一切事物都是非常生疏。这个世界并不是为他们创造的,上帝也不是为他们存在的。他们照着习惯祷告上帝;可是在心里他们却暗暗地恨"他"。"他"为什么要逼迫

---

① 指俄里,即维尔斯特。

他们从大地的这一端飘游到那一端呢？为什么呢？对于他们，人不过是断桩、残根、路上的石块，他们会撞上这些东西，而且有时候会受伤的。自然，他们也可以不撞到这些东西，可是有时候为了叫一个跟自己接近的人惊奇的缘故，对他表示自己跟他不同，自己的意见跟他的不一致，也是一件愉快的事。

一〇

他说：

"普鲁士的国王弗列特利克大帝说得很好：'每个人应当依照他自己的办法救自己。'他又说：'随你高兴去议论吧，不过你得服从。'可是在他临死的时候他却承认说：'我倦于统率奴隶了。'所谓伟大人物总是矛盾得厉害。这跟他们所有其它的蠢事一块儿被人宽恕了。然而矛盾

笔记

究竟不是蠢事。傻瓜是顽固的,但是他并不矛盾。不错,弗列特利克是一个怪人;德国人恭维他是一个最好的君主,可是他却不喜欢德国人。他连歌德①和魏南特②,也不喜欢。"

二

昨天晚上谈到巴尔蒙特③的诗,他说:"浪漫主义是从人们害怕面对真理的这种畏惧心来的。"苏列尔不赞成这个见解,他激动得连话都说不清楚了,他非常感动地再朗诵了些巴尔蒙特的诗。

"列伏希卡,"他说,"这不是诗句,这是吹牛,这是中世纪人们所谓的无聊东西,这是一串没有意

---

① 歌德(1749—1832):德国诗人和博学的著作家。
② 魏南特(1733—1813):德国诗人和散文作家。
③ 康·德·巴尔蒙特(1867—1943):俄罗斯象征派诗人。

义的文字。真正的诗是朴素的;费特①写着:

> 我自己也不知道我要歌唱什么,
> 可是一首歌已在我的心中成熟。

的时候,他已经表示出了一般人对于诗的真正的感觉。农人也并不知道自己唱的是什么,可是啊,唯,呀,嗳——这便是一首直接从灵魂中发出来的真正的歌,就跟小鸟的歌一样。而在你们那班新诗人,却完全是虚构。还有那些叫做'巴黎流行品'的法国废物。这就是你那些制造诗的家伙擅长的东西。涅克拉索夫②的那些坏诗从头到尾都不过是虚构。"

"贝朗瑞③呢?"苏列尔问道。

"贝朗瑞么,那又当别论。法国人跟我们中间有什么共同的地方? 他们是好色的;他们认为肉的生

---

① 阿·阿·费特(1820—1892):俄罗斯抒情诗人。
② 尼·阿·涅克拉索夫(1821—1878):俄国诗人。
③ 彼·让·贝朗瑞(1780—1857):法国诗人。

活比灵的生活更重要。对一个法国人来说,女人占第一位。这是一个衰老的、精力耗尽了的民族。医生说过所有害肺病的人都是好色的。"

苏列尔像他平日那样直率地争论起来,滔滔不绝地随便说了一大堆话。列·尼望着他笑了,一面说:"你今天倒好像一个到了结婚年龄而没有男朋友的小姐那样地在耍脾气了。"

一二

病使他变得更枯瘦了,他的内部有什么东西给病消耗光了;在内心方面他显得更轻快,更明澈,更接近生活。他的两只眼睛变得更锐利,眼光更深透。他用心地听人讲话,好像他在努力回忆一些久已忘却的事情,或者他在等待着别人告诉他一些新的、未知的事情。在雅斯纳雅·波良纳,他让我觉得他是一个什么都知道而且用不着再学习什么的人,对于他什么问题都已经解决了。

一三

托尔斯泰倘使是一尾鱼,他一定是在大洋里面游泳,绝不会游进内海,更不会游到淡水河里。一条小鱼在他的四周游来游去,他所说的话它完全不感兴趣;对它毫无用处;他的沉默既不使它惊恐,也不使它感动。然而他的沉默既威严,又巧妙,很像一个真正离群索居的隐士。虽然关于某一些问题他感到有讲话的义务,出来说了许多话,可是人还是觉得他有更多的话不曾说出来。有些事他不能够对任何人谈。不用说,他有一些连他自己也害怕的思想。

笔记 ♡

一四

有人送给他一种很好的关于基督的教子①的故事的变文。他很高兴地念给苏列尔和契诃夫听,而且念得非常好!他特别欣赏魔鬼们对地主用的惩罚,在他的态度上有什么地方使我不喜欢。他不会是不诚实的,可是正因为他诚实,就更糟了。

随后他说:

"你们看农人也会做文章。一切都是简单的,话很少,而感情多。真正的智慧并不罗嗦;譬如说:'主啊,可怜我们。'"

不过这篇小故事倒相当残酷。

---

① 教子:受洗礼领教名的男孩。

一五

他对我只感到一种人种学上的兴趣。在他的眼睛里我是一种他完全不知道的人的代表,此外再没有别的了。

一六

我把我的短篇小说《公牛》念给他听。他笑了好一阵,又恭维我知道"语言的技巧"。

"不过您用字遣词却并不高明。所有您的那些农人讲话都太聪明了。在实际生活里他们讲话都很蠢,而且次序颠倒,不相连贯,你起初一听,简直不懂他们想说些

笔记 ♡

什么。他们是故意这样做的：在他们愚蠢的语言后面始终藏着那个想使对方讲出心事来的愿望。一个好的农人从来不会一下子就露出自己的聪明来，这是对他不利的。他知道一般人跟傻瓜、蠢人接近的时候，总是不怀恶意不用欺诈的，这正是他所希望的。你在他面前一坦白，他立刻就看出了所有你的弱点。他对谁都不相信，就是对他的老婆他也怕讲出他的心事。然而在您的小说里面，他们全是那么坦白爽快；在您的每篇小说里面都有自作聪明的人们的大聚会。他们全用警句谈话，这也是不对的；警句在俄国话里是不相宜的。"

"可是谚语和格言呢？"

"那又当别论，它们不是今天才有的。"

"然而您自己也常常用警句谈话呢。"

"我从没有！而且您把一切都美化了，人啦，大自然啦，特别是人都给您美化了！列斯科夫①就是这样的，这是一个矫揉造作的、不自然的作家，很久就没有

---

① 尼·谢·列斯科夫（1831—1895）：俄罗斯小说家。高尔基称他为"俄罗斯语言的最杰出的专家"。

人念他的作品了。您不要受别人的影响,也不要害怕任何一个人,那么一切都没有问题了。……"

一七

他把他的日记本拿给我看,里面有一个奇怪的警句使我吃了一惊,那是:"上帝是我的欲望。"

今天我把那个本子还给他,我问他那句话是什么意思。

"一个未完成的思想,"他半闭上眼睛望着书页,一面回答道,"我一定是想说:'上帝是我想认识他的欲望。'……不,不是这个意思。"他笑了起来,把那个本子卷成一个筒子,放到他那件粗布外衣的大口袋里面去。他跟上帝的关系是很不确定的;它们有时候使我想起了"一个洞里面两只大熊"[①]的关系。

[①] 这就是说:两雄不并立。

笔记 ♡

一八

关于科学,他说:

"科学是一个走江湖的炼金术士造的金元宝。你想把它简单化,使它跟所有的人接近,换句话说,就是铸造大量的伪币。将来有一天人民知道这种钱币的真正价值的时候,他们不会感激你的!"

一九

我们一块儿在尤苏波夫公园里散步。他谈起莫斯科贵族的生活习惯谈得非常出色。一个肥胖的俄国农妇在花坛前面工作；身子弯成直角，露出她那一双象腿似的粗腿；她那对肥大的奶子一直在颤动。他注意地望着她。他说：

"所有那一切的繁荣豪华都是建立在这种女象柱上面的。这不单是靠着农人农妇们的劳力，和他们所缴纳的租税，并且还是靠着人民的血液，实实在在的血液的。倘使贵族不是时常跟她这样的母马交配的话，那么他们早就绝种了。像我那个时代的年轻人那样，消耗了精力，是不能不受到惩罚的。然而他们胡闹了一阵之后，他们里面有许多人便跟农奴的姑娘们结了婚，生出了好种。照这样说，也还是靠农人的力量救了他们的。农人的力量到处都有用。贵族家庭中总有一半人把他们的力量为自己消耗掉，另外的一半人就把自己的血跟乡下人的浓血混合在一块儿，乡下人的浓血也因此给冲淡了些。这倒是有好处的。"

笔记 ♡

二〇

他很爱讲女人,就像一个法国小说家那样,然而他总是带着俄国农人的那种粗俗的腔调,以前我听起来总觉得不舒服。

今天在杏树林里他问契诃夫道:

"您年轻时候很荒唐过一番吧?"

安·巴①受窘地笑了笑,拉了一下他颔下的小胡子,呐呐地讲出一两句听不清楚的话来。列·尼望着海,一面承认地说:

"我当时是一个不要命的……"

他说这句话的时候带了一种忏悔的样子,收尾用了一个农人常用的猥亵字眼。这时我才头一次注意

---

① 安·巴:即契诃夫(1860—1904),俄罗斯作家。

到他说出这个字眼显得非常容易,好像他就找不到一个可以代替它的另外的字眼似的。整句话从他那长着胡子的嘴里说出来显得非常单纯、自然,话在半路上就失去了它们那种军人常用的粗俗和猥亵的味道了。我还记得我初次会见他的情形以及他谈起《瓦连卡·奥列索娃》和《二十六个和一个》①时所讲的那些话。

依常情来说,他的话只是一串"肮脏的"字眼罢了。我给它们弄得莫名其妙,甚至恼怒了。我觉得他好像认为我就只能懂这样一种语言似的。我现在才看出来我那时候恼怒,实在是愚蠢得很。

二一

他坐在丝柏树下一个石凳上面,看起来又瘦又小,而且很老了。然而他还是

---

① 高尔基的两篇小说。

像一个上帝,现在有点疲乏,在跟着一只燕雀的叫声吹口哨消遣。那只小鸟正躲在树叶浓密的地方唱歌;列·尼皱起他一双锐利的小眼睛朝那个方向望着,并且像小孩似地尖起嘴唇笨拙地吹起口哨来。

"它在生气了,这个小东西! 它拚命在叫。它是什么鸟啊?"

我便对他讲起燕雀来,我还讲到这种鸟的妒忌的特性。

"它一生就只能唱一首歌,然而它还是妒忌。人心里有几百首歌,他也还是因为妒忌挨骂! 难道这是公平的吗?"他带着沉思的样子说,好像他在问他自己似的。"在有些时候一个男人对一个女人说了比她所应当知道的更多的关于他自己的话。他以后就忘记了他的话,可是她还记得。妒忌会不会是从那担心自己灵魂堕落的恐惧,从那担心会被侮辱、会成为可笑的害怕产生的呢? 一个抓紧你的××的女人并不危险,危险的倒是那个抓紧你的灵魂的女人。"

我对他说他这番话跟他的小说《克来采长曲》有点冲突；愉快的微笑在他的全部胡子上面出现了，他回答我说：

"我不是一只燕雀。"

晚上在散步的时候他突然说：

"人经历过了地震、瘟疫、疾病的恐怖以及种种灵魂的折磨，然而无论什么时候，在过去也好，现在也好，将来也好，他的最惨痛的悲剧都得数那个床笫间的悲剧了。"

他说着这样的话，不觉得意地微笑了：他时不时地露出一种豁达的、安静的微笑，一个人克服了极大的困难，或者突然觉得那个折磨了他许久的锐利的痛苦消失了以后，就会有这样的微笑。每一个思想都像扁虱似地咬住了他的灵魂；他要不把它立刻弄掉，就得让它饱餐他的血，等到它的肚子喂饱了，它自己也会离开，不给他知道的。

有一次他正在津津有味地谈论禁欲主义，忽然皱皱眉头，咂咂嘴，严肃地说：

"是缝起来的，不是逢起来的；有'缝'这个动词，没

笔记 ♡

有'逢'这个动词……"

这句话跟禁欲主义的哲学显然毫无关系。他注意到我的惊讶，连忙说，一面朝着隔壁房间的门点点头：

"他们在那边说：逢好的被子。"

他接着又说："那个列朗①只会叽叽喳喳地讲甜言甜语……"

他常常对我说：

"您讲故事很好，用您自己的字句，很生动，并不照抄书本。"

然而他差不多总是指出我的文字上的疏忽，他好像在对自己说话似地小声说：

"'相同地'和接着用的'绝对地'其实应当用'完全地'这个副词。"

有时候他责备我说：

"'不固定的典型。'人怎么能够把两个在精神上很不相同的字眼结合在一块儿呢？这是不好的……"

---

① 艾·列朗（1823—1890）：法国资产阶级历史学家、语言学家和哲学家。

我觉得他对语言文字的形式的敏感有时候锐利到一种病态的程度。有一次他对我说：

"我在某一个作家的文章里，一个句子里面同时找到'柯希卡'（猫）和'基希卡'（肠）两个字。这叫人讨厌！我实在受不了。"

有一次他从公园回来，又说：

"……我不喜欢语言学家，他们是些枯燥无味的学究。然而在他们面前明明摆着语言方面的重要工作。我们讲话常常用些连我们自己也不懂的字眼。譬如有些动词是怎样来的，我们一点也不明白。"

他常常谈到陀思妥耶夫斯基的语言：

"他写得很丑恶，而且甚至于故意写得脏 —— 我相信这是故意的，是为了他想卖弄。他喜欢表现自己。他在《白痴》①里写着：'厚着脸皮纠缠并且"阿菲谢瓦尼耶"熟人。'我想他故意曲解了动词'阿菲希罗瓦其'②的用法，因为那个动词是外来语，是从西欧来的。然

---

① 《白痴》：费·陀思妥耶夫斯基（1821—1881）的一部长篇小说。
② "阿菲希罗瓦其"：吹牛、自负一类的意思。

笔记 ♡

而我们还可以找到他的别的不能宽恕的错误:那个'白痴'说:'驴子是一个好心而有用的人',这句话本来应当引起人们大笑或者讲什么话的,可是在场的人却没有一个笑过。他是当着他的三个妹妹的面说出来的,她们都喜欢戏弄他,尤其是阿格拉雅。一般人都说这本书不好,可是书里面最坏的地方却是梅希金公爵是害癫痫病的。倘使他是个身体健康的人,那么他的直率,他的纯洁会使我们大受感动的。可是陀思妥耶夫斯基没有勇气把他写成一个健康的人。并且他素来就不喜欢健康的人。他相信既然他自己是个病人,那么全世界也在生病……"

他把描写谢尔吉依神父①堕落的场面的一种变文念给苏列尔和我听。那个场面是很残酷的。苏列尔做出愁眉苦脸的样子,烦躁不安地在椅子上擦动。

"你怎么啦? 你不喜欢它吗?"列·尼问道。

"这太残酷了。别人会说是陀思妥耶夫斯基写的。

---

① 谢尔吉依神父:见托尔斯泰的中篇小说《谢尔吉依神父》。

那个龌龊的女孩子，奶子像煎饼一样。……为什么他不跟一个健康、漂亮的女人犯奸呢？"

"那样奸罪便是不可原谅的了，而在这儿他还可以辩解说他怜悯那个女孩子。谁愿意要这样的一个女孩子呢？"

"我不明白……"

"列伏希卡，你不明白的事情多着呢。你并不太狡猾……"

安德烈·里沃维奇[①]的夫人进来了，打断了他们的谈话。等她同苏列尔一块儿到耳房去了以后，列·尼便对我说：

"列奥波立德是我认识的人中间最纯洁的。他也是像这样的：倘使他做了什么坏事情，那一定是由于怜悯谁的缘故。"

---

① 安德烈·里沃维奇：托尔斯泰的第四个儿子。在思想上跟他的父亲立在反对的地位。

笔记 ♡

二二

他最喜欢讲的题目是上帝、农人、女人。他很少讲到文学,讲起来话也不多,好像文学跟他不相干似的。据我看来,他对于女人怀着一种不能和解的敌意。他喜欢惩罚她,除非她是一个吉蒂①,或者一个娜达莎·罗斯托娃②,就是说,除非她是一个眼界不太狭小的女性的时候。这是一个没有得着他本来可以得到的全部幸福的男人的怨恨吗,或者是对于"使人屈辱的肉欲"的精神上的反抗呢? 然而这毕竟是敌意,一种冷酷的敌意,就像在《安娜·卡列尼娜》里面那样。对于"使人屈辱的肉欲",他在星期天和契诃夫、叶尔巴季耶夫斯基③两人谈

---

① 吉蒂:托尔斯泰的长篇小说《安娜·卡列尼娜》的一个女主人公,列文的年轻的妻子。
② 娜达莎·罗斯托娃:托尔斯泰另一部长篇小说《战争与和平》的女主人公。
③ 谢·雅·叶尔巴季耶夫斯基(1854—1933):俄罗斯民粹派作家。

到卢骚①的《忏悔录》时,讲得非常好。苏列尔已经把这次的谈话记录下来了,然而他在煮咖啡的时候又把这个记录在酒精灯上烧掉了。他已经有过一次烧掉了列·尼关于易卜生②的意见,又失去了列·尼关于结婚仪式的象征主义的谈话记录,列·尼的这一类带有浓厚异教气味的意见有时候跟罗扎诺夫③的意见很接近。

二三

早晨有几个斯登教徒④从费奥多西亚来,今天他整天都热心地谈着农人的事情。

早餐的时候他说:"他们来了,两个人都是多么强壮,多么结实;其中的一个说:'喂,我们没有被

---

① 让·雅·卢骚(1712—1778):法国思想家和小资产阶级民主主义者。
② 亨·易卜生(1828—1906):挪威剧作家。
③ 罗扎诺夫(1856—1919):俄罗斯宗教思想家和著作家。
④ 斯登教徒:十九世纪六十年代俄国农民中间一派信仰《新约》的基督教徒。

笔记 ♡

邀请就来了,'另一个说。'希望上帝保佑,我们不要挨一顿打回去。'"他发出一阵小孩一般的大笑,笑得他全身都摇动了。

吃过早饭以后大家坐在露台上,他又说:"我们不久就不再懂人民的语言了。我们谈着'进步的学说','个人在历史中的作用','科学的进化',和'赤痢'。而农人却会对你说:'纸里包不住火。'那么所有你的学说,你的历史,你的进化都变成可怜而又可笑的了,因为人民不了解它们,也不需要它们。农人比我们强壮,他的生命力强,而我们呢,天知道,我们有一天会碰到阿楚尔族的那种情形,据说有人对一位学者讲过阿楚尔族的事情,说:'所有阿楚尔族的人全死了,可是这儿还有一只鹦鹉懂得几句阿楚尔人的话。'"

二四

他说：

"女人在肉体上比男人更诚实，而在思想上却比男人更虚伪。可是她撒谎的时候，她并不相信她所说的话；卢骚也撒谎，他却相信自己的谎话。"

二五

他说：

"陀思妥耶夫斯基描写他的某一个狂人的时候，曾说他活着是在对别人也对他自己报仇，因为他曾经为他自己并不相信的东西出过力。他这是在写他自己,我是说,他也可以用同样的话写他自己。"

二六

他说:

"宗教上的一些用语实在是意思晦涩得出奇。例如'主的大地和它的丰饶'这一句的意思是什么呢?这不再是《圣经》了,这是一种通俗化的科学唯物论。"

"可是您已经在什么地方解释过这句话了,"苏列尔说。

"我解释过的并不多。……'解释了一处也不能说明一切。'"

他狡猾地微微一笑。

二七

他喜欢对人提出一些困难的使人发窘的问题:

"您觉得您自己怎样?"

"您爱您的妻子吗?"

"您相信我的儿子列夫①有才能吗?"

"您喜欢索菲雅·安德烈耶夫娜②吗?"

要在他面前撒谎是不可能的。

有一天他问我:

"阿列克塞·玛克西莫维奇,您喜欢我吗?"

这是一个包加狄尔③,一个巨大的武士的恶作剧:诺弗戈罗德的调皮英雄瓦

---

① 列夫:托尔斯泰的第三个儿子,生于一八六九年。
② 索菲雅·安德烈耶夫娜:托尔斯泰的夫人。
③ 包加狄尔:俄文 Богатырь,俄罗斯民间传说和英雄史诗中的武士,身材非常高大,气力大,胆量也大。

笔记 ♡

希卡·布斯拉耶夫①在他年轻时候也常常干这种恶戏。他在"考验",他一直在试探,好像他在准备作战似的。这固然很有趣,但是我并不喜欢。他是一个魔鬼,而我还只是一个吃奶的婴孩,他不应当打扰我。

二八

对于他农人也许不过是一种恶臭。他总是闻到这臭味,所以不管他愿意不愿意,他却不得不讲它。

昨天晚上我对他讲了我跟柯尔纳将军的寡妇打架的事情;他笑得流出眼泪,甚至于笑痛了肚皮,他接连叫着"啊!"并且用尖细的声音说:

"用了铲子!打在……用了铲子……喂!正打

---

① 瓦希卡·布斯拉耶夫:俄罗斯勇士,民歌中的英雄。

在……！铲子很宽吧？"

他停了一会儿，又接下去正经地说：

"您像那样地打她实在是大量。换一个人会打破了她的头。您真大量！您懂得她看中了您吗？"

"我再也记不起来了；我不相信我那时候就懂得……"

"可是，啊，这是明显的！一定是那样。"

"我当时却没有心思想到那种事情……"

"不管您有心思想到什么，都是一样的！您不是一个肯对女人献殷勤的人，这是很明显的。换了一个人，他就会利用这个机会图利了，他会变成一个有房产的财主，跟她整天喝酒过一辈子。"

他停了一会儿又说：

"您真是有趣！请您不要生气：太有趣了！这倒是件很奇怪的事：在您本来有权做坏事的时候，而您却是那么好。是的，您是可以做坏事的。您很强，这很好……"

他又沉默了一会儿，然后带着沉思的样子说：

"我不了解您的精神状态，它是非常复杂的，可是您

笔记 ♡

却有一颗聪明的心……是的，非常聪明的！"

附注：

我从前住在喀山的时候，曾经在柯尔纳将军的寡妇的家里当过花匠和打扫院子的人。她是一个法国女人，年纪轻，身子肥壮，却有一双小脚，小得跟小女孩的脚一样。她有一对很漂亮的眼睛，眼珠老是在转来转去，眼睛老是张得大大的，贪婪地望着人。我想她结婚以前大概是一个女售货员，或者一个厨娘，也许还是一个"姑娘"。她早晨起来就喝得醉醺醺的，走到院子或者花园里来，身上只穿一件衬衫，再加一件橙黄色的睡衣，脚上趿了一双红羊皮的鞑靼拖鞋；她一头浓密的长发，随随便便地束着，垂在她那红艳的两颊和两个肩头上面。这是一个年轻的巫婆。她在花园里走来走去，嘴里哼着法国曲子，在旁边守着我作工；她时时走到厨房的窗口，大声说：

"宝林娜，给我一点东西。"

这个"一点东西"永远是一样的：一杯有冰的酒。

在她的房屋的楼下住着三位德-格公爵小姐，她们过着孤女的生活：她们的母亲已经死了，父亲是一个兵站总监，出差去了。柯尔纳将军夫人很厌恶这三位年轻小姐，用了千方百计欺负她们，想赶她们搬家。虽然她讲不好俄国话，可是咒骂起来却跟一个道地的马车夫一样。她对待这三位对人无害的小姐的态度使我很不高兴（她们是这么忧郁、惊恐，而且无法自卫的）。有一天将近正午的光景，两位小姐在园子里散步，将军夫人突然来了，像平日那样喝得醉醺醺的，在她们后面嚷起来，赶她们出去。她们默默地朝园子外面走去，可是将军夫人却站在花园小门的门口，拿她的身子像软木塞一样堵住门，不绝口地用那种连马也害怕听的骂人的俄国话去咒她们。我求她不要再骂了，让那两位小姐走出去，可是她却大声叫起来：

"我知道你！你——你晚上爬窗子到她们那儿去……"

我动了气，抓住她的肩膀，把她从门口推开；可是她

笔记 ♡

挣脱了身子,掉转来向着我,很快地解开她的睡衣,撩起她的衬衫,大声说:

"我比这些小老鼠好得多啊!"

我这时气极了,就捉住她,把她打了一个转,然后用我的铲子朝她的背的下面打了一下,打得她连忙跑出了园门,猛扑到院子里去,大为吃惊地叫了三次:

"啊,啊,啊!"

以后我便向她的亲信宝林娜要回我的护照,宝林娜也是一个酒鬼,不过她很狡猾;我挟着我那包东西走出院子的时候,将军夫人站在一面窗前,手里拿着一方红手绢,对我大声说:

"我不叫警察来……不要紧……听我说!你还是回来吧。……不要害怕。……"

二九

我问他:

"波兹尼谢夫①说,医生们杀害了而且还在杀害成千成万的人,您是不是赞成他的意见呢?"

"您很想知道吗?"

"很想。"

"那么我就不告诉您。"

他笑了笑,一面玩弄着他的两根大拇指。

我想起来在他的一个短篇小说里面,他把一个次等的乡下兽医跟一个真正的医生比较了一下。

"像'元气'、'痔疮'、'放血'这一类的字眼,它们不是恰恰跟'神经'、'风湿症'、'有机体'等等一

---
① 波兹尼谢夫:托尔斯泰的中篇小说《克来采长曲》的男主人公。

笔记 ♡

样的吗?"

而且这是在有了勤纳①、白林②、巴斯德③之后写的。这太调皮了。

三〇

真奇怪他居然这么喜欢打纸牌!他认真地、热情地打着牌。他拿起牌的时候,他的手激动得厉害,好像他捏在他的手指头中间的不是没有生命的硬纸片,而是几只活的小鸟。

---

① 艾·勤纳(1749—1823):英国医生,牛痘接种法的发见者。
② 艾·冯·白林(1854—1917):德国细菌学家。
③ 路易·巴斯德(1822—1895):法国化学家和细菌学家。

三一

他说:

"狄更斯①说得很聪明:'我们得到生命的时候附带有一个不可少的条件:我们应当勇敢地保护它一直到最后一分钟。可是就大体说,他是一个伤感的、多话的、并不太聪明的作家。不过他比别人更懂得怎样结构成一部长篇小说,不用说,他在这方面比巴尔扎克②好得多。有人说过:'许多人都给著书的热情控制住了,可是只有寥寥几个人后来为自己的著作感到惭愧。'巴尔扎克并不惭愧,狄更斯也不惭愧,然而他们两个人都写过不少的坏作品。可是不管怎样,巴尔扎克仍然是一个天才,这就是说,他是一个你只能够称做天才的人。……"

---
① 恰·狄更斯(1812—1870):英国小说家。
② 奥·德·巴尔扎克(1799—1850):法国小说家,《人间喜剧》的作者。

笔记 ♡

有人给了他一本列夫·季霍米罗夫①的书《我为什么不再做一个革命者》。列夫·尼古拉耶维奇从桌子上拿起这本小书在空中挥动了几下,一面说:

"这里面讲到政治暗杀,讲到这种斗争方法本身并没有一个明确的观念,都讲得很好。这个省悟了的暗杀者说,像这样的观念只能够是个人的无政府的专制和对社会对人类的蔑视。这是正确的思想,不过'无政府的专制'这个用语是他的笔误,应该是'君主的专制'。这是好的、正确的思想,所有的恐怖主义者在这儿都会给绊倒,不用说,我指的是正直诚实的恐怖主义者。那些嗜杀成性的人是不会给绊倒的。没有一样东西会使他跌倒。然而他只是一个普通的凶手,不过是偶尔做了一个恐怖主义者罢了。"

---

① 季霍米罗夫(1850—1923):七十年代的俄国民粹派革命者和恐怖主义者,还是民意社执行委员会的委员。他曾经亡命巴黎,后来改变主张,投到反动阵营里去了。

三二

有时他自负而且小器,跟伏尔加河一带的信教者一样。这个事实在他这位成了全世界的洪钟的巨人身上,是可怕的。昨天他对我说:

"我比您更近于农人,我也比您更有农人的感情。"

啊,主啊! 他不应当拿这个自夸。不,他不应当!

三三

我把我的戏《在底层》念了几场给他听。他注意地听过了,然后问我道:

"您为什么写这个戏?"

我努力说明我的意思。他说:

"人老是看见您像一只公鸡似的,不管遇到什么都要扑过去。其次,您总是用您自己的油漆涂满所有的缝隙。您该记得安徒生的话吧:'镀的金会磨光,猪皮倒永远留在那儿。'或者像我们的农人说的那样:'一切都会过去,只有真理留着。'最好还是不要涂什么,否则您后来会上当的。然后再讲您的语言,它很巧妙,而且过于做作。这是不行的。应当写得更简单一点。老百姓讲的是一种简单的语言,甚至好像并不连贯,可是他们还是讲得很好。农人不会像某一位有教养的小姐那样发问:'既然四总是比三多,那么为什么四分之一却比三分之一少呢?'不应当卖弄技巧。"

他用了一种不满意的调子在讲话。我刚才读给他听的东西显然使他很不高兴。过了一会儿,他并不望着我,忧郁地说:

"您的老头子①并不可

---

① 指《在底层》中的一个人物,就是那个六十岁的香客鲁卡。以下的演员和娼妓都是《在底层》中的人物。

爱，我们不相信他是善良的。演员倒很好。您念过《教育的果实》①吗？那里面有一个厨子跟您的演员倒很像。写戏是不容易的事。您的娼妓也写得成功，她们大概就是这样。您见过这一类的人吗？"

"见过。"

"这是看得出来的。无论在什么地方真理都会自己显露出来。您在戏里把您自己的话说得太多，所以在您的戏里面并没有人物，所有的人全是一样的。您大概不了解女人；您没有写成功一个女人，连一个也没有。人不会记得她们的。……"

安德烈·里沃维奇的夫人进来请我们出去喝茶；他连忙站起来急急地走出去了，好像他很高兴把这谈话结束似的。

---

①《教育的果实》：托尔斯泰在一八八九年写的一个四幕喜剧。

笔记 ♡

三四

"您做过的梦里面哪一个最可怕?"他问我道。

我很少做梦,我也不记得做过的梦了:可是有两个梦却留在我的记忆里面,也许我一生都不会忘记它们。

有一次我梦见一个害瘰疬病的、腐烂的绿黄色的天空,和许多圆而扁平的星,没有光线,也没有光泽,就像病人身上的小疮一样。在这个腐烂的天空中,在这些小疮似的星星的中间,慢慢地爬着一道带红色的电光,这道电光活像是一条蛇,它触到一颗星的时候,这颗星就会胀起来变成一个球,而且不发一点响声就炸开了,只剩下一个浅黑色的点子,一种轻烟似的东西,它很快地就在化脓的、成了液体的天空中消失了。所有的星星就这样地一个跟着一个全炸开而且全消失了,天变得更暗，更可怕，然后它就旋转起来，沸腾起来，分裂成无数的碎块，朝我的头上落下液体的冰冻来；在那些碎块中间的空隙地方，露出一种发亮的黑色，仿佛洋铁瓦一样。"

列·尼说：

"您这梦是从一本科学书上面来的，您一定读了什么天文学的书，您这个噩梦就是从那儿来的。另外的一个梦呢？"

"另外的一个梦：一片积雪的平原，地面平滑得像一张纸，连一座小山也没有，一棵树也没有，一丛灌木也没有；只有寥寥的几根桦树枝隐隐地露到雪上面来。在这个死寂的荒原的积雪上，现出一条几乎辨认不出来的黄色的路，路从这一边的地平线延长到那一面的地平线上去，在这条路上慢慢地走着灰色毡子的长靴——是一对空的靴子。"

他扬起他那对地仙似的浓眉，注意地望着我，想了一下。他说：

"啊，这是可怕的。您真的做了这个梦吗？您不是在

笔记 ♡

凭空编造吧？这也带了点书本的气味。"

突然间他好像生气了，他一面拿手指敲着膝头，一面用一种严肃的、不高兴的声调说：

"您不喝酒吧，不是吗？你不像是一个多喝酒的人。然而在您这些梦里却有喝醉的味道。有一个叫做霍夫曼①的德国作家；他梦见打牌的桌子在街上跑着，还有好些这一类的事情，不过他是一个酒鬼，用我们那些有学问的马车夫的说法，是一个'混蛋'。空的靴子走路，这的确是可怕的。即使这是您编造出来的，也非常好。可怕啊！"

他突然愉快地微微笑了起来，他笑得那么高兴，连他的颊骨也发亮了。

"不过您想想看：突然间在特威尔斯卡雅街一张弯脚的打牌桌子跑了起来；桌子上面扬起一层粉笔灰，连绿色台毡上写下的输赢的数目也还看得见。几个收税员在这张桌子上打了整整三天三夜的'温特'②，一会儿也不休息，桌子实在受不了，

---

① 恩·霍夫曼（1776—1822）：德国消极浪漫主义作家。
② 温特：即惠斯特，当时流行于俄国的一种纸牌游戏。

便逃走了。"

他笑了，后来他一定是看出来我因为他不相信我的缘故有点难过，便对我说：

"因为我说您的梦带着书本的气味您有点不高兴吧？您不要为这件事动气。我知道有时候人不自觉地编造一些不可信的而且是极其恍惚的东西，他却相信他在梦里见过它们，这并不是他自己想象出来的。一个上了年纪的地主对我讲过一个梦，他在梦中穿过一个树林走进一片草原，他看见草原上有两座小山，它们却忽然变成两只女人的奶子，在这一对奶子的中间有一张黑脸正在朝上面升起来。在脸上应该长眼睛的地方悬着两个白翳似的月亮。这个老头子已经站在女人的两腿中间了，在他面前张开了一条很深的黑的峡谷，把他吞了进去。在这个梦之后他的头发开始变成灰白色，他的手也颤抖起来了，他便出国去找克奈卜大夫试行水疗法。他一定见过了这一类的东西：他是一个放荡的人。"

他拍了拍我的肩头：

笔记 ♡

"至于您呢,你既不是一个酒鬼,也不是一个放荡的人。那么您怎么会做这样的梦呢?"

"我不知道。"

"关于我们自己的事我们一点儿也不知道!"

他叹了一口气,眯起眼睛,想了想,压低声音加了一句:

"我们什么也不知道。"

这天晚上在散步的时候他拉住我的胳膊对我说:

"靴子往前走着,这是可怕的,不是吗?它们完全是空的——踢塔,踢塔,踢塔——雪发出轧轧的声音!是的,这是很好的!不过您仍然有着太多的书本气味,太多的!您不要生气,这是不好的,这对您有妨碍。"

我不相信我比他更有书本的气味,然而,不管他这种委婉的说话方式,我今天总觉得他是一个残酷无情的理性主义者。

三五

有时候他给了人一种印象,好像他是刚从一个遥远的国家来的,在那个国家里人们的思想和感情都跟我们的不同,他们中间的关系也跟我们中间的关系不一样,他们的举动跟我们的也不同,连他们的语言也跟我们的语言完全两样。他坐在一个角落里,疲倦,而且兴趣索然,仿佛身上蒙了一层另一个土地上的尘土。他用一个外国人或者一个哑子的眼睛注意地望着每一个人。

昨天在午饭前他正是像这样地走进客厅里来,好像离我们远远的,然后他坐在沙发上;他沉默了一会儿,忽然微微摇晃着身子,手掌擦着膝头,皱起脸孔说:

"这还没有完,不,没有完。"

一个像熨斗那样地平板而愚笨的人问他:

笔记 ♡

"您在讲什么事?"

他牢牢地望着他,把身子更往下弯,朝我们,尼基青大夫,叶尔巴季耶夫斯基和我坐在那儿的露台上看了一眼,问我们道:

"你们在谈什么?"

"谈普列威①。"

"普列威……普列威……"他沉吟地念了两遍,在这中间还停了一下,好像他是第一次听见这个名字似的;然后他像一只小鸟那样把身子抖了两下,微微地笑了笑说:

"今早晨起,我脑子里就动着一个傻的念头。有人告诉我,在一个公墓里见到了这样的墓铭:

在这块石头下面睡着伊凡·叶戈利耶夫,

职业是个硝皮匠,他从早到晚就浸兽皮。

他正直地工作,又有

---

① 维·康·普列威(1846—1904):俄国反动政客,一九〇二年起任内务大臣兼宪兵司令,残酷地镇压革命党人。一九〇四年被社会革命党党员暗杀。

好心肠，可是你们看，

　　他去世了，把他的店子留下给他的妻。

　　他不算太老，还可以做许多事情，

　　然而上帝把他带去过天堂的生活，

　　就在耶稣受难周①的星期五到星期六的夜间。

还有些这一类的句子……"

他不作声了，随后抬起头来，又微微地笑了笑，对我说：

"在人类的愚蠢里面，只要它不含恶意的时候，它也有一些叫人很感动的东西；甚至还有可爱的东西。……这是常有的事。"

有人来唤我们去吃午饭了。

---

① 耶稣受难周：复活节前的一星期。

笔记 ♡

三六

列·尼说：

"我不喜欢喝醉酒的人，可是我认识一些人，他们喝了一点儿酒以后却变得很有趣了，他们有了机智，思想也漂亮了，还有遣辞的敏捷，语言的丰富等等，这些都是他们清醒的时候所没有的。在那种时候我倒愿意祝福酒了。"

苏列尔告诉我，有一天他同列夫·尼古拉耶维奇在特威尔斯卡雅街上走，托尔斯泰远远地看到了两个胸甲骑兵。他们的铜甲在日光里闪亮，他们的刺马距一路上响着，他们走起路来步调一致，好像两个人生在一块儿似的，他们的脸上现出一种从力量和青春产生的得意神情。

托尔斯泰骂起来了：

"多么无聊的摆架子！真正像用棍子教出来的畜生！"

可是等到这两个胸甲骑兵走到他跟前，他停住脚，用爱好的眼光送着他们，一面热心地说：

"他们真美！真正像古罗马人！不是吗，列伏希加？多有力，多漂亮！啊，我的上帝！一个人漂亮，是多好啊，是多好啊！"

三七

在一个炎热的白天，他在下行的公路上碰到我。他骑着一匹温和的鞴鞯小马，朝着里瓦基亚①的方向驰去。灰白的头发，毛茸茸的脸孔，头上戴一顶菌子形的

---

① 里瓦基亚：在克里米亚南部海岸。当时它是沙皇尼古拉二世的行宫，现在是苏联劳动人民的疗养地。

笔记

白毡子小帽,他活像一个地仙。

他勒住马跟我谈话。我挨着踏镫,跟他的马一块儿朝前走起来,我对他讲了一些事情,这中间我也提起我接到了符·加·柯罗连科①的一封信。托尔斯泰气冲冲地摇着他的胡子,问道:

"他信上帝吗?"

"我不知道。"

"最重要的事情您倒不知道。他是信上帝的,不过他不好意思在无神论者跟前承认罢了。"

他用一种抱怨的、任性的调子说了上面的话,愤怒地眯缝着眼睛。显然是我打扰了他,可是我正要离开他的时候,他却留住我,说:

"您到哪儿去? 我骑得慢。"

接着他又咕噜起来:

"您的安得列也夫在无神论者面前也不好意思,可是他也信上帝,上帝使他害怕。"

---

① 符·加·柯罗连科(1853—1920):俄罗斯作家。

我们走到亚·米·罗曼诺夫大公爵的领地前面了。有三个罗曼诺夫王族的人，挨得很近，站在路中间闲谈：一个是领地阿依－托多尔的主人亚历山大大公爵，一个是乔治大公爵，还有一个我相信是久里别尔的彼得·尼古拉耶维奇大公爵，三个人都是身材魁伟、仪表堂堂的男子。一辆一匹马拉的马车把路拦住了，还有一匹鞍马[①]横站在路上；列夫·尼古拉耶维奇不能够过去。他用严厉而高傲的眼光瞪着那三个罗曼诺夫。可是他们已经掉过身子，背朝着我们了。那匹鞍马动了动脚，稍稍移开了一点儿，让托尔斯泰的坐骑过去了。

他默默地骑了一会儿，对我说：

"他们是认识我的，这些笨蛋……"

过了一分钟他又说：

"马倒懂得应该给托尔斯泰让路。"

---

① 鞍马：指供人坐骑的马，不是拖车用的。

三八

列·尼说：

"您要先为着您自己关心您自己的事，那么您还会有很多工夫做别人的事情。"

三九

他说：

"所谓'知道'是什么意思？譬如说：我知道我是托尔斯泰，一个作家，我有妻子和一些孩子，一头白发，一张难看的脸，一部大胡子——这些都是写在护照上面的。可是关于灵魂的事,护照上就没有记录了。我只知道一件关于灵魂的事,就是:它愿望跟上帝接近。可是上帝是什么呢? 那是,我的灵魂不过是'他'的一部分。我知道的全在这儿了。凡是学会了思索的人是不容易有信仰的,然而人只有由信仰才能够活在上帝里面。忒他连①说过:'思想是一个罪恶。'"

四〇

不管他所宣传的教义是怎样地单调,这个举世罕见的人物却是非常广泛地多方面的。

今天在公园里他和加斯卜拉的回教教长谈话的时候,他的举止很像一个容易相信人的老实的农人,而且到了应该想着他断气的日子的时候了。他本来就矮小,现在好像又故意缩短了些,他

---

① 忒他连(160—230):拉丁的教会著作家。

笔记 ♡

站在那个强壮、结实的鞑靼人的身边，好像是一个古时的小老好人，他第一次想到存在的意义，并且害怕自己心灵中发生的一些问题。他吃惊地扬起他的一对浓眉，胆怯地霎着他锐利的小眼睛，眼睛里平日常有的那种叫人受不了的洞穿一切的火花现在被他收敛了。他那探查似的眼光不动地停留在教长的宽脸上，他的瞳孔也失去了它们那种使人惶惑不安的锋铓。他向教长提出了一些关于生命的意义、关于灵魂和关于上帝的"幼稚的"问题，他很巧妙地拿《福音书》和先知的诗句跟《可兰经》中的诗句暗中掉换。实际上他不过用那种只有伟大的艺术家和哲人所能有的卓绝的本领在演戏罢了。

几天以前他跟塔涅耶夫①和苏列尔谈到音乐，他像一个小孩似地陶醉在音乐的美里面了；我们看得出来他高兴自己能够欣赏音乐，或者更真切地说，他高兴自己能够这么深地欣赏音乐。他说，叔本华②写的论音乐

---

① 谢·伊·塔涅耶夫（1856—1915）：俄罗斯作曲家和钢琴家。
② 阿·叔本华：德国唯心主义哲学家。

的文章比任何人都更好，更深刻。他附带讲了一个关于费特的有趣的故事，他又把音乐叫做"灵魂的无声的祷告"。

"怎么——是无声的呢？"苏列尔问道。

"因为音乐是没有言语的。在声音里比在思想里有着更多的灵魂。思想是一个装满铜板的钱袋，而声音呢，它却没有让什么东西弄脏过，它内部是纯洁的。"

他带着看得出来的满意，说着可爱的、孩子的话，他突然记起了一些最好的、最讨人欢喜的句子，随后他意外地笑了笑，温和地小声说：

"所有的音乐家都是傻瓜；越是有才能的，越不聪明。可是奇怪他们差不多都是笃信宗教的。"

笔记

四一

他打电话给契诃夫说：

"今天我过得多么好！我的灵魂非常快乐，所以我希望您也快乐！特别是您！您是个好人，很好的人！"

四二

倘使你跟他谈些不应当讲的话，他不会来听你，也不会相信你。事实上他并不询问，他在查究。他跟一个爱好古玩的人一样，他只搜集那些跟他的收藏可以配合的东西。

四三

他一面读信,一面说:

"人们惊扰着,写着,可是等到我死了一年以后,他们就会问道:'托尔斯泰?呀!是的,就是那个亲手做靴子的伯爵,我弄不清楚他出过什么事情,——是说那个人吗?'"

四四

我好几次在他的脸上、在他的眼光里看到了一种狡猾的满足的笑容,这笑容是一个人意外地寻到了他自己

笔记 ♡

藏起来的东西以后所常有的。他记不起来他把那个东西放在什么地方了。过了好久他一直暗中在着急不安，不断地问自己："我会把这个我现在多么需要的东西放在哪儿呢？"他老是害怕别人看出他着急不安，丢失了东西，会作弄他。可是突然间他想起来了，找着了那个东西。他充满了喜悦，他现在也不想隐藏他的这种喜悦了，他却带着狡猾的神情望着所有的人，仿佛在说：

"你们对我没有办法了！"

可是他并不说出来：他究竟找着了什么，并且是在什么地方找到的。

他引起人的惊愕，但这惊愕永不会使人厌倦。然而常常跟他见面，却是一件痛苦的事，我不能够跟他同住在一所宅子里面，更不用说同住在一间屋子里面了。这好像在一个沙漠里面一样，在那儿太阳把万物都烧光了，现在它自己也要烧尽了，这时候它却使人们感到威胁：一个无穷无尽的黑夜就要来了。

一 封 信

我刚刚给您①寄出了一封信,就得到了报告"托尔斯泰逃亡"的电报。现在,我觉得我的思想还是跟您的在一块儿,所以我再给您写这一封信。

关于这个消息我想说的一切也许会是杂乱的,甚至于可能是残酷而带恶意的;不过您得宽恕我;我感觉着有人扼紧了我的咽喉,快要把我扼杀了。

我从前在加斯卜拉的时候,②托尔斯泰常常跟我在一块儿谈话,而且谈得很久;我常常去看他,他也喜欢过来看我。我曾经仔细地

---

① "您"指符·加·柯罗连科;这封信是写给柯罗连科的。
② 亚历山德拉·托尔斯泰雅在《托尔斯泰的悲剧》中写着:"高尔基跟他的太太和儿子一块儿住在海边,离加斯卜拉大约有一英里路远,他常常来看我们。"

并且热爱地读了他的著作;所以我觉得我有权来谈论他,老老实实地说我想说的话,即使我的意见显得冒昧,而且跟一般人的见解如何不同。我也跟任何人一样地知道,世界上再没有一个比他更有资格被称为天才的人,再没有一个比他更复杂、更矛盾,而且在各方面都更了不起的人,是的,是的,是在各方面的。了不起,我说不出来这个字眼带着什么样的特殊意义,这是无边的广大,不能够用语言文字来说明的。在他的内部有着什么东西,使我时时刻刻都想对所有的人、对每一个人大声地说:"你们看,在这个土地上面活着一个多么不可思议的人啊!"因为可以这样说:他完完全全是而且最先是一个人:人类中的人。

可是有一种东西使我永远没法跟他接近,就是他的那种想使列夫·尼古拉耶维奇·托尔斯泰伯爵的一生成为"我们的圣父贵族列夫圣者的言行录"的专制的、顽固的倾向。您知道他很久以前就在找寻"受苦"的机会了。他曾经对叶夫盖尼·索洛维约夫①和苏列尔表示过他的悔恨,因为他没有把这个办到;可是他找寻受苦的机会,并不是为了单纯地受苦,并不是由于一种想考验他的意志的抵抗力的自然的愿望,却只是出于那个显明的而且——让我再说一遍——专制的意向,就是想增加他的教训的重量,使他的说教成为不能辩驳的东西,并且拿他的受苦来使它在别人的眼里成为神圣不可侵犯,他好强迫他们来接受它,您明白我的意思吧,好强迫他们来接受它啊!因为他知道这个说教本身并不够说服人。将来有一天您会在他的《日记》里面读到他对待他的说教和他个人的怀疑主义的好例子。他知道"殉道者和受难者中很少有不是专制者和暴君的",——他什么全知道!可是他仍然说:

---

① 叶·安·索洛维约夫(1866—1905):俄罗斯批评家和文学史家,笔名安德列耶维奇。

"要是我为着我的思想受了苦的话,那么我的思想就会产生一种完全不同的印象!"这一点使我始终无法跟他接近,因为我不能不在这儿看到一种想对我施暴力的企图,一种想控制我的良心、用正直的血光来眩惑它、并且给我的颈项加上一个教条的轭的愿望。

他常常热烈地赞美另一个世界中的永生,可是他自己倒更喜欢永生在这个世界里面。他是一个实实在在的民族的作家(我是照这个称呼的最真实而又最完全的意义来说的),他使他的民族的一切缺点以及我们历史的酷刑所加在我们身上的一切的损害都具体活在他那个巨大的灵魂里面了。……他的一切都是民族的,他的全部的说教便是一个过去的反动,也就是一种我们正在摆脱而且就要克服的所谓"祖型再现①"。

您该记得他在一九〇五年写的那封信《知

---

① "祖型再现":即"隔代遗传"。

识分子、国家和人民》吧，这是多么荒谬奇怪而且幸灾乐祸的东西！我们在那里面听到了"分离派教徒"①的"呀！你们原先不肯听我的话！"的声音。我当时曾经写了一篇答复，并且根据他自己说过的话来回答他，因为他有一天对我说过他"老早就失掉了谈论俄国人民并且代他们说话的权利了"；我并且亲眼看见好些老百姓跑来向他吐露胸怀，他却没有兴致去听他们讲话，也不热心去了解他们。可是我那封信的措辞太激烈，所以我没有把它寄给他。

现在他一定是在尝试他那个最后的一跳吧，只为着想给他的思想添上最高的价值。他跟瓦西里·布斯拉耶夫②一样，他本来是爱飞跳的，不过始终是为着确定他自己的神圣性，为着给他自己找寻一种顶

---

① "分离派教徒"：十七世纪俄罗斯一部分东正教徒反对当时莫斯科大主教尼康（1605—1681）施行的教会改革，受到了迫害，从正教分离出来。他们保持旧的信仰、旧的仪式和旧的习惯，因此被称为"分离派"，又称"旧信仰者"。
② 瓦西里·布斯拉耶夫：即诺弗戈罗德的调皮的英雄瓦希卡·布斯拉耶夫。

一封信

上圆光的缘故。事实上即使他的学说可以由于俄罗斯的古代历史和这位天才的个人的受苦而被认为正当，它总是宗教裁判所的东西。在他看来，人要达到神圣性，只有走欣赏自己的罪恶的路，走压制求生的意志的路……

在列夫·尼古拉耶维奇的身上有许多方面，它们有时候给我唤起了一种近乎憎恨的感情，这种感情十分沉重地压在我的灵魂上面。他那个发展过甚的个性是一个庞大的、差不多是可怕的现象；他的身上有一种"包加狄尔"斯维雅托戈尔的东西，斯维雅托戈尔①，这个大地载不起的巨人。是的，他是伟大的！我深深相信除了他所说过的一切以外，还有许多许多事情他并不曾谈到，甚至他的日记里也没有写过；他也许永远不会向任何人吐露它们了。这所谓"有些东西"只有偶尔在他的谈话中间露出

---

① 斯维雅托戈尔：俄罗斯民间英雄史诗中的一个人物。他被描写成一个想把大地举起的大力武士。他曾经夸口要把天和地两个"圈"拉拢捏成一个东西。

来一点点，而且是隐隐约约地说出来的；在他拿给我和列·阿·苏列尔席次基读过的两本日记里面，他也曾隐隐约约地说到"有些东西"。这在我看来是一种类似"一切肯定之否定"的东西，这是最深刻最坏的虚无主义，它是在一种不可救药的、无限的绝望中，而且还是在一种恐怕从来没有一个人像这样清楚地感受到的孤独中生长起来的。我常常觉得在他的灵魂的深处他是一个对别人的一切都非常顽固地不关心的人；他是这么地高出他们之上，这么地比他们强，比他们有力量，他竟然把他们全看作同样的蚊蚋一类的小虫，而他们的扰攘活动在他的眼里也成为可笑而可怜的了。他离开他们远远地一个人隐居在荒原上，用了他全部精神力量，孤独地，一心一意去探究那个"最主要的东西"：死。

在他的一生中他没有一个时候不害怕死，不憎恨死；在他的一生中他没有一个时候不感觉到

一封信 ✉

"阿尔扎玛斯①的恐怖"萦绕着他的灵魂:他,托尔斯泰,他也应当死吗?整个宇宙,整个大地都在望着他。从中国,从印度,从美国,从世界上任何一个地方都有着活的、一直在颤动的线向他伸过来;他的灵魂是为所有的人而存在的,并且是永远存在的!为什么大自然就不在它的法则中作出一个例外,使所有的人里面有一个人得着肉体的永生?为什么呢?固然他是极富于理性而

---

① 阿尔扎玛斯:俄罗斯的一个城市。所谓"阿尔扎玛斯的恐怖",是这么一回事情:一八六九年八月的末尾托尔斯泰到片扎省去看一块地。他中途在阿尔扎玛斯城里过夜,寄宿在一所小宅子里面。他躺在一张沙发上睡着了。不多久他忽然醒过来,屋子里漆黑。他想再睡,却始终睡不着。他问他自己:"我为什么到了这儿来?我到什么地方去?我在逃避什么东西?并且逃到哪儿去?我在躲避一种可怕的东西,可是我又跑不动。我的脑子始终是清醒的,我在折磨自己。我是他,我始终在那儿。片扎省也好,任何别的地方的产业也好,都不会给我增加一点东西,也不会给我拿走一点东西。我厌恶我自己,我受不了,我折磨我自己。我想睡,想忘记,——我却不能够。我不能够躲开我自己。"他走到廊子里去,希望能逃掉那个折磨他的东西。然而它追上来,把一切都给他掩蔽了。他问他自己:"这愚蠢算什么呢?我担心着什么?我害怕什么?"死的声音回答道:"我,我在这儿!"托尔斯泰恐怖地跟这个幻影挣扎。可是死赶走了他的睡眠。使他的心灵中充满了寂灭的思想以及一切他所爱的人和物完全消失的思想。他祷告,闭上眼睛,可是幻影仍然在折磨他。后来他只好唤醒他的仆人离开了那个宅子。过了好久,托尔斯泰才忘记了他在阿尔扎玛斯的这个痛苦的经历。然而在他的思想的深处,仍然躲藏着那个他曾经见过的可怕的死的幽灵,几年以后它又出现了,要他对它那个永远存在的问题给一个答复。

且极聪明,不会相信奇迹,可是在另一方面他却是一个调皮的人,一个实验者,又好像一个年轻的新兵,他站在陌生的兵营门前因为恐惧和绝望正惊吵得厉害。我还记得在加斯卜拉,他病好了以后,读了列夫·谢斯托夫①的小书《尼采与托尔斯泰伯爵的学说中的善与恶》,听见安·巴·契诃夫对他说"不喜欢这本书"的时候,他便回答道:

"我呢,我倒觉得它有趣味。这本书写得勉强,然而毕竟写得有意思。我倒喜欢那班冷评家②,只要他们是老实的话。他这样说过:'真理是没有用的。'这倒是真话。他拿真理来做什么用呢?无论如何,他还是要死的。"

他显然看出来别人不了解他的话,便高兴地笑笑,加上几句:

"要是一个人学会了思想,不管他的思想

---

① 列夫·谢斯托夫(1866—1938):俄罗斯虚无主义和厌世哲学的思想家和著作家。
② 冷评家:指喜欢嘲骂世人者。

的对象是什么,他总是想着他自己的死。所有的哲学家都是这样的。既然死一定要来,那么真理又有什么用呢?"

然后他又对我说,对于所有的人真理只有一个,就是对上帝的爱,可是他谈到这个问题的时候,始终带着冷淡和厌倦的神情。吃过早饭以后,他在阳台上又拿起那本书,翻到作者写的这样的一段话:"托尔斯泰,陀思妥耶夫斯基,尼采①要是不回答他们自己提出的问题,就不能够活下去,对于他们,任何一个回答都比没有回答好些,"他笑了起来,并且说:

"多么大胆的理发师啊!他居然断定说我欺骗了自己,因此我也欺骗了别人。这是很明白的……"

苏列尔问道:

"可是为什么说理发师呢?"

"是这样的,"他沉吟地答道,"我偶然想

---

① 弗·尼采(F. W. Nietzsche, 1844—1900):德国哲学家,唯意志论者。

到的。他时髦，他漂亮，他让我想起一个莫斯科的理发师，他到乡村来参加一个农家叔父的婚礼。他在那儿算是态度最文雅的，他会跳'郎西叶'①，因此他把任何人都不放在眼里。"

我差不多是一字不动地把这段谈话重写在这儿。我把它记得很牢，我当时还把它跟许多别的使我感动的事情一块儿记录了下来。苏列尔席次基同我两人记了很多的笔记，可是苏列尔在他到阿尔扎玛斯来看我的途中把他的笔记失落了；他是一个很大意的人，虽然他对列夫·尼古拉耶维奇有一种带女性的爱，但是他对待列·尼的态度也有点古怪，里面含得有一种屈尊的意味。我也很大意，我把我的笔记放起来却记不起放在什么地方了，我再也找不着它们；它们一定是在俄国境内某一个人的手里。②

我对托尔斯泰一直是十分注意地观察着的，因

---

① "郎西叶"：从法文 lancier 来的，一种上等的舞曲。
② 高尔基写这封信的时候，他住在意大利的卡普里。

为我过去找寻过，我现在还在找寻，而且我要一直找寻到我断气为止，我在找寻一个有着活的真实的信仰的人。并且也因为有一天安·巴·契诃夫谈起我们文化的不发达，曾经对我发过牢骚：

"歌德说过的话每一句都给人记录下来了，可是托尔斯泰的思想却在空中消失了。好朋友，这就是那种叫人忍受不了的俄国人的态度。再过些时候，他们就会明白的，他们会动手写些回忆，说些谎话。"

可是现在我们再回到谢斯托夫身上来。托尔斯泰又说：

"他认为：'人不能够一面注视可怕的幽灵而一面活着。'可是他从什么地方知道人能够或者不能够呢？因为要是他知道了的话，要是他看见了幽灵的话，他就不会写出这些无意识的话，他要去做些正经事情，像释迦牟尼一生做的事情那样。"

有人说谢斯托夫是犹太人。

"这不大可能,"列·尼怀疑地说。"他一点儿不像是犹太人:从没有见过一个没有信仰的犹太人,你们举出一个来看看。……不,没有的……"

有时候人觉得这个老亚师在戏弄着死,他在跟死调情,他试着用这样的话来欺骗她:"我不怕你;我爱你;我在等着你。"他又一直用他那对锐利的小眼睛偷偷地看她:"你究竟是个什么样子?你后面究竟有些什么?你要把我完全毁灭吗?或者我还有一些东西可以继续生存?"

我们听见他说"我幸福,我非常幸福,我实在太幸福"的时候,总不免会生出一种奇怪的印象。他接着马上就说:"要受苦。"受苦,这也是他的真理;他的病虽然还没有完全好,可是他却真诚地高兴去坐监牢,被流放,或者一句话说完,戴上一顶殉道者的荆棘的冠,像这样的事我就没有一秒钟怀疑过。也许在他看来殉道的行为多少总可以把死加以合理化，使它更容易理解，而且更容易接受，自然这是指外表的，形式的方面说的。可是我却十分相信他从来没有感到幸福，不管在什么时候，不管在什么地方：不论在"智慧的书中"，在"马背上"，在"女人的怀里"，他都没有完满地感到"地上乐园"的幸福。他太有理性了，所以不能感到那种幸福，而且他对人生，对人们也知道得太多了。他还说过这样的话：

"哈里发①阿勃杜拉曼一生有过十四天快乐的日子，而我呢，我确实没有那么多的快乐的时间。这是因为我从来没有，而且我不能够为着自己，为着我的灵魂生活，我只是为着表演，为着别人在生活。"

我们离开他以后，安东·契诃夫对我说："我不相信他就没有快乐过。"至于我呢，我却相信。他从来不曾有

---

① 哈里发：原是中世纪某些伊斯兰教国家君主的称号。但是这里提到的阿勃杜拉曼可能指阿富汗的国王（1844—1901），他在一九〇〇年用波斯文写了《自传》，有俄文译本。

过快乐。不过要说他以前是为着"表演"而生活，也不是真的。不错，他把他多余的东西给了别人，就像施舍给乞丐那样；他喜欢强制人——一般地说，是"强制"——强制人念书，强制人散步，强制人只吃素菜，强制人爱农人，强制人相信列夫·托尔斯泰的合理的宗教观念的正确性。塞给人一点他们满意的或者感到兴趣的东西，然后叫他们走开！大家不要来扰乱我这种习惯的、痛苦的、但有时也是适意的寂寞生活，让我对着那个"主要问题"的无底深渊沉思！

所有俄国的传道者，除去阿瓦昆①（或者再加上一个季洪·扎顿斯基②）之外，都是冷淡的人，因为他们没有一个积极的、活的信仰。我在《在底层》里面描写我的鲁卡的时候，我倒很想写出一个这一类的老年人来：他对"各种各类的

---

① 阿瓦昆（约1621—1682）：俄罗斯教长，旧正教的拥护者，他反对尼康的宗教改革。一六八二年被沙皇下令烧死在木桩上，留下了一本自传《言行录》。
② 扎顿斯基：即扎顿斯克的季洪（1724—1783）：俄罗斯基督教圣人，有《著作集》出版。

回答",都感兴趣,可是他却不关心人。遇到他不能不跟人们会面接触的时候,他才安慰他们,不过也只是为了使他们不再来打扰他的生活。这一类人的一切的哲学,一切的传道都是一种施舍,而且是暗地里怀着厌恶地拿出来的,在这种传道的背后,人们还隐约地听得见可怜的诉苦的话:

"不要来缠我!爱上帝,爱你们的邻人,可是不要来缠我!诅咒上帝,爱外人也好,可是不要来缠我!不要来缠我,因为我是一个人,而且我是会死的人!"

唉!就是这样的,很久以来就是这样的!过去不能不这样,现在也不能不这样,因为人们已经是精疲力竭,过度地分散,他们被囚禁在一种吸尽灵魂的孤独里面。倘使列·尼同教会和解了,我也不会感到一点惊奇。这里也会有一种它自己的逻辑:所有的人都是渺小的,连主教们也是一样。其实这不会是和解;对他个人来说,这个举动不过是一个合乎论理的步骤:"我宽恕那些恨我的人。"这是一种基督徒的行为,在它背后隐藏着一种讽刺的微笑;它可以被当作一个聪明人对傻瓜们的复仇。

然而我还没有照我所想的那样写下来,也没有写到我想写的那些事情。有一只狗在我的灵魂里号叫,我有着不吉的预感。报纸来了,很显然地在你们那儿人开始在"创造传说"了:从前有过一些懒人和不中用的人,现在在他们中间却生出了一位圣人来。

您只要想一想,对于那个国家,正是在这个时候,正是在一般绝望的人垂头丧气、大多数人的灵魂非常空虚、那些最优秀的人的心灵里充满着悲痛的时候,对于那个国家,这是多么有害!饥饿的、受折磨的心灵渴望着传说。人们非常希望他们的苦难可以减轻,他们的痛苦会得到抚慰! 他们正好创造了他(托尔斯泰)曾经想望过的而且正是他应该避免的东西：一种圣者和圣人的生活；其实他的伟大和神圣的地方却在于他是一个人，一个美得愚蠢、美得痛苦的人，人类中的人。现在我似乎有点自相矛盾了，可是这没有多大关系。这一个人找寻上帝，并不是为他自己，却是为着别人，因为这样一来上帝便会让他这个人在他自己选择的荒原里面和平地生活下去。他给了我们福音，并且为了使我们忘记基督身上的矛盾的缘故，他把基督的肖像简单化了，把基督身上积极的因素减弱了，同时却着重地提出来：基督对于"那个差遣他来的上帝的意志"的服从。托尔斯泰所宣传的福音更容易被人接受，这是用不着怀疑的，因为这个福音对俄罗斯人民的"病"更适合。俄罗斯人民在那里抱怨，他们的呻吟声震动了大地，而且使人们离开了"主要问题"，对这样一种人民，应该给他们一点东西。然而《战争与和平》以及所有这一类的作品都不能够减轻灰色的俄罗斯土地的痛苦和绝望。

关于《战争与和平》，他自己说过："用不着假谦虚，这是跟《伊利亚特》①一样的东西。"莫·伊·柴科夫斯基②也曾听见他说过关于《幼年·少年·青年》的类似的赞语。

一些新闻记者刚刚从拿波里赶来了；有一个还是从罗马来的。他们要求我告诉他们我对于托尔斯泰的"逃亡"的意见（"逃亡"这个字眼还是他们用的）。我拒绝跟他们谈话。您一定明白我的心灵现在是多么地骚乱不安——我不愿意把托尔斯泰看作圣人；我倒愿意把他看作一个罪人，跟这个有罪的世界的人心接近的，而且跟我们每个人的心永远接近的一个罪人。普希金③和他，——对我们来说再没有比他们两个人更伟大、更亲爱的了。

---

①《伊利亚特》：希腊的叙事诗，相传为荷马所作。
② 莫·伊·柴科夫斯基（1850—1916）：俄罗斯作曲家彼得·柴科夫斯基的兄弟，是批评家和剧作家。托尔斯泰也曾对戈登淮塞尔赞美他自己的《幼年》。（见一九〇二年七月二十八日戈登淮塞尔的日记。）
③ 亚历山大·普希金（1799—1837）：俄罗斯诗人。

列夫·托尔斯泰死了。

来了一个电报，只有些最平常的字句：去世……

我的心受到了打击；我又恼怒又痛苦地哭起来，现在我是在一种半疯狂的状态里面，我回想着我所认识的、我所看见的他的种种情形；一种想对人谈论他的愿望把我折磨得非常苦。我又想象他睡在棺材里面的样子。他睡在那儿，像一块光滑的石头躺在小溪的溪床上，而在他的白胡子下面一定隐藏着他的使一切人都感到陌生的、欺骗的微笑。他的一双手现在终于和平地休息了：它们已经完成了它们的那种艰苦的工作。

我又记起了他的那双锐利的眼睛；它们把什么都看得见，而且是一直看到底的，还有他的手指的动作，它们好像一直是在空中捏塑什么东西似的；还有他的谈话，他的诙谐，他喜欢用的农人的字眼和他那不可捉摸的声音。我看见在这个人的身上含蓄着多么丰富的生命，他是多么不近人情地聪明，又是多么不近人情地叫人害怕啊。

有一天我看见了他，他那个样子恐怕从来没有人看见过。我沿着海滨到加斯卜拉去看他，可是就在尤苏波夫庄园的下面，在海边岩石的中间，我看见了他那瘦小的有棱角的侧面像，他穿了一件起皱的灰色粗布旧衣，戴了一顶有褶痕的帽子。他坐在那儿，两手支着下颚，在他的手指中间动着他那银白的长须；他凝望着海的远处，而同时浅绿色的小浪却柔顺地、亲热地向他的脚滚来，好像它们在对这个老巫师讲它们自己的事情。

这是一个还没有晴定的日子。云的影子在岩石上面移动，岩石上同这个老人身上的颜色交替地时明时暗。岩石都是很大的，都有裂痕，而且上面都长满了气味很浓的海草：前一天刚起过很高的潮。我觉得他好像也是一块古老的、成了精的岩石，它知道一切的开端和一切的目标，它在思索石头和地上的草木、海水和人，还有从岩石起到太阳为止的整个宇宙什么时候完结而且怎样完结。海是他的灵魂的一部分，他周围的一切都是从他那儿来的，从他的身体里出来的。在这个老人的沉思不动的姿势中，我相信我看见一种预言的、魔术的东西，它同时下沉到黑暗里去，又探求地上升到地上蓝空的最高顶；好像就是他——他的集中的意志——在把海浪引来推去，在指挥云的移动，在支配那些影子，影子好像在摇动岩石想把它们唤醒。突然在我的狂热的一瞬间，我觉得这是可能的！他就要站起来，挥动他的胳膊，海就会马上冻结，变成玻璃一样的东西，岩石也就开始活动并且发出大声叫喊，于是他周围的一切全活起来了，它们全发出声音，用各种不同的声音说话，讲它们自己的事，讲他的事，而且，还讲反对他的话。我在这个时候所感觉到的一切是不能够用文字表达出来的。我的

心灵同时感到狂喜和恐怖,随后一切全混合在这个幸福的思想里面:

"只要这个人活着的时候,我在地上便不是一个孤儿。"

于是我动身走开了,我小心不使海滩上的小石子在我脚下发出声音,免得打扰他的沉思。

可是现在我觉得我是孤儿了,我一边写,一边哭。我一生从来没有哭得像这样伤心,这样绝望,这样痛苦的。我不知道我是不是爱他,其实我对他是爱是恨,那又有什么关系呢?他常常在我的心灵中激起强烈的、幻想的情感和感动;就是他所引起的不快的和敌对的印象也并不压迫别人的心灵,它们反倒使心灵暴露,因而扩大了它,增加了它的感受性,使它更为开阔了。每逢他突然从一道门后面或者从一个角落里走出来,鞋底在地上擦行,好像他要威严地把粗糙的地面磨平似的,迈着一个走惯了长路的人的又轻又快的步子朝着你走来,并且把两只手的大拇指插在腰带里面,站定了一会儿,用他的敏速的、探索的眼光看了一下四周,这眼光马上就把一切新的事物全看出来,并且立刻就明白了它们的意义,在这种时候他的确是崇高而美丽的。

"日安!"

我老是把这个字眼的意思解释作:"日安,我很满意,对您可没有什么意思,然而还是日安!"

他走进来,他身材矮小,可是所有的人马上就变得比他更小了。他的农人的胡须,他一双粗糙的而又是不寻常的手,他那一身简单的衣服以及这一切安适的平民的外表把许多人都欺骗了;我常常看见我们那些只认衣服不认人(这是一种古老的农奴的习惯)的好俄国人在他面前流露出这种气味很浓的"爽直"来,说得更恰当点,这是过分亲热。

"呀!亲爱的人!你好呀!我终于有幸拜见我

们本国的最伟大的人物了。祝你长寿,祝你健康!"

这是莫斯科的俄罗斯人的说法,单纯而恳切,下面则是"自由主义的"俄罗斯人的说法:

"列夫·尼古拉耶维奇!我虽然不赞同您的宗教的和哲学的见解,可是我非常尊敬您是一个伟大的艺术家。……"

突然间在他的农民的胡须下面,在他的平民的起皱的粗布衣服下面,现出了那个俄罗斯的老绅士,那个豪富的贵族。于是不论是爽直的人也好,不论是受过教育的人也好,或者别的什么人也好,他们都觉得一种受不了的寒冷把他们的鼻头冻青了。人们倒很高兴看见这样一个纯血的人,高兴观察他那高贵而优雅的举止,注意他那高傲谨慎的言谈,欣赏他那遣辞用字恰到好处的锋利的语言。在他身上所表现的大绅士的神气恰恰是适合于奴仆们的需要的。那班奴仆要在托尔斯泰身上唤起他的大绅士的神气,托尔斯泰毫不费力地把这神气表现出来了,他把他们压得紧紧的,使得他们只好吱吱喳喳地吵闹着而缩成了一团。

有一天我碰巧跟一个这一类的"爽直的"俄国人,一个莫斯科人,同路从雅斯纳雅·波良纳回到莫斯科去。他好久都透不过气来,他只是可怜地微笑着,一面张惶地反复说着:

"这真是一回淋浴!他太严厉了!……啊,啦啦!"

他说了好些惊叹字眼,然后又带着惋惜的神情大声说:

"我早就以为他真正是一个无政府主义者!所有的人都在那儿接连地说:无政府主义者,无政府主义者……所以我也就相信了……"

这是一个有钱的人,一个大工业家,有一个大肚皮和一张颜色像生肉一样的肥脸;他为什么希望托尔斯泰做一个无政府主义者呢?这也是俄国人心灵的一个"奥妙"。

要是列·尼想使人高兴的话,他会比一个聪明、美丽的女人做得更容易。各种各样的人到他家里来作客:尼古拉·米哈依洛维奇大公爵,油漆匠伊里亚,一个从雅尔达来的社会民主党人,一个斯登教徒巴楚克,一个音乐家,一个德国人(克来因米黑尔伯爵夫人的产业管理人),诗人布尔加科夫,他们全用了热爱的眼光望着他。他正在对他们讲解老子的学说,在我看来他好像是一个不寻常的"单人乐队",能够同时奏几种乐器:铜管喇叭、鼓、手风琴、长笛……我也跟所有的人一样,用热爱的眼光望过他的。现在我还想再见他一面,可是我永远见不到他了。

来了好些记者,他们肯定说在罗马有人接到了"否认列夫·托尔斯泰逝世的谣传"的电报。他们奔忙了一阵,不停嘴地谈论,毫不吝惜地表示着对俄国的同情。可是俄国的报纸却不留一点怀疑的余地。

要对他说谎是不可能的,即使为了怜悯,也不可能;他纵然病到临危,他也不让人怜惜。要可怜像他这样的一种人,那就是卑劣的冒渎了。对于这种人,我们应该关心,爱护,却不应当把那些没有灵魂的陈旧的语言文字的渣滓倒在他们的身上。

他常常向人发问:

"您不喜欢我吗?"

人只好回答:

"我不喜欢您。"

"您不爱我吗?"

"我今天不爱您!"

他向人发问的时候很锋利,可是他回答别人问题的时候却又很谨慎,始终不失为一位贤人。

他讲起过去的事情,非常出色,尤其是讲到

屠格涅夫①,特别动人。他讲到费特就要带一种愉快的微笑,而且总要讲些可笑的事情;他讲起涅克拉索夫时,态度冷淡,而且带了点怀疑的样子;他不论讲到哪一个作家,总是把他当作他的孩子似地讲着,他好像是他们大家的父亲,他们每个人的缺点他全知道,并且——你们瞧!——他总是先指出他们的坏处,然后才提到他们的好处。他每次讲到什么人的坏处的时候,我总有一个印象:他好像因为听话的人太穷了,正在施舍一点东西给他们;听他的论断,也是一件叫人感到不舒服的事情;人看到他那锋利的微笑,就不由自主地埋下了眼睛,对他所讲的一切,一点儿也记不牢。

有一天他激烈地批评乌斯宾斯基②用图拉的方言写文章,连一点儿才能也没有。可是我后来又听见他当着我的面对

---

① 伊·谢·屠格涅夫(1818—1883):俄罗斯小说家。
② 格·伊·乌斯宾斯基(1843—1902):俄罗斯小说家,民主主义者。

安·巴·契诃夫说:

"是啊,这是一个著作家!他凭着他的诚实的力量叫人想起陀思妥耶夫斯基来,只是陀思妥耶夫斯基爱耍手段,卖弄风情;而乌斯宾斯基却是更朴素,更诚实。倘使他相信上帝,他会成为一个分离派教徒。"

"可是您从前明明说过他是一个图拉的作家,而且是没有才能的。"

他把一对浓眉皱起来盖住他的眼睛,一面回答道:

"他写得坏。他用的是怎样的一种语言啊!标点符号比文字还要多。可是,才能呢,这就是爱。在爱的人就有才能。您看那些恋爱的人,他们全是有才能的!"

他讲到陀思妥耶夫斯基,总要露出不乐意的神情,而且还要带点勉强,好像他不得不绕过什么东西,或者克服什么东西似的。他说:

"他应当研究孔子的学说或者佛教徒的教义，它们可以使他安静，缓和些。这是所有的人都应该知道的主要问题。他是一个厉害的好色的人，要是他发起脾气来，他的秃头上立刻就会胀起许多瘤一类的东西，而且他的耳朵也会摇动不停。他感受性强，可是他的思想却不高明；他还是从傅立叶主义者①那儿，从布塔舍维奇②一帮的人，学会了怎样思想的。可是他后来却把他们恨了一辈子。他有犹太人的血。他多疑，自尊心强，脾气不好，又很不幸。很奇怪，他的书的读者居然会有那么多③，我不懂这是什么缘故！因为他的书读起来吃力而且无用，

---

① 指信奉傅立叶的社会主义的人。沙利·傅立叶（1772—1837）是法国的社会改革家，十九世纪三大空想社会主义者之一。
② 布塔舍维奇-彼得拉舍夫斯基和一群年轻的进步知识分子组织了一个研究社会主义的小组，叫做彼得拉舍夫斯基小组，布塔舍维奇-彼得拉舍夫斯基是这个小组的中心人物。一八四九年小组被破获，部分成员被判死刑，后减刑，流放西伯利亚服苦役。陀思妥耶夫斯基也是一个组员，在一八四九年四月被捕，判死刑，在执行死刑的时候遇赦，流放西伯利亚。
③ 陀思妥耶夫斯基的最后一部小说《卡拉玛左夫兄弟们》却是托尔斯泰在逝世前常常翻阅的书。

一封信

所有他的那些白痴们①,少年们②,拉斯柯尔尼科夫③们等等……都跟实际的那一类的人不同;实际上他们都是更要单纯些,更容易让人理解些。相反的,人们现在不念列斯科夫的东西倒是不对的,这是一个真正的作家。您念过他的东西吗?"

"是的,我很喜欢他,特别是他的语言。"

"他对语言非常熟习,他完全知道使用语言的技巧。奇怪的是您会喜欢他,您有点不像俄罗斯人,您的思想也不是俄罗斯的。我这样讲您,您不会生气吧?我是一个老头子,也许我对现代的文学不再能够理解了,可是我总觉得它不是俄国的东西。人们开始在写古怪的诗句;我不知道为什么它们也算是诗,而且它们是写给什么人念的。要学做诗应当向普希金,向

---

① 陀思妥耶夫斯基写过一本长篇小说《白痴》。
② 陀思妥耶夫斯基的另一长篇小说叫做《少年》。
③ 拉斯柯尔尼科夫:陀思妥耶夫斯基的长篇小说《罪与罚》的男主人公。

丘特切夫①,向宪欣②学。您,"他转身对契诃夫说,"您倒完全是俄国的。是的,极浓,极浓的俄国味!"

他慈爱地微笑着,按住安·巴的肩头,契诃夫有点不好意思,小声讲了几句话,讲他的别墅,又讲鞑靼人。

他一直喜欢契诃夫,每次他望着安·巴的时候,眼光总是变得很柔和,他的眼光似乎在爱抚他的脸。有一天安·巴跟亚历山德拉·里沃夫娜③一块儿在花园里小道上散步,当时托尔斯泰的病还没有好,他坐在露台上一把靠手椅上面,他的整个身子好像都在朝着他们伸过去似的,他喃喃地说:

---

① 费·伊·丘特切夫(1803—1873):俄罗斯诗人。
② 宪欣:即费特,他在一八七六年正式改姓为宪欣。
③ 亚历山德拉·里沃夫娜:托尔斯泰的最小的女儿。

"啊,多么可爱的人,多么完美的人:谦虚,温柔得像一位小姐似的。他走起路来也像一位小姐。他真是个了不起的人！"

有一晚，在黄昏中，他半闭着眼睛，动着眉毛，把《谢尔吉依神父》的一段变文念给我们听。他念的就是一个女人到隐士那儿去引诱他的那一段；他念完了以后，便抬起头闭上眼睛清清楚楚地说：

"这个老头儿写得好，好得很！"

他带着极可惊叹的纯朴说出这句话来，他对于美的赞赏是极其诚恳的，这使我一生永远忘不了我在那个时候所感到的欢喜，这种欢喜，我不能够而且也不知道怎样来说明它；然而我要抑制它，也得花费大的气力。连我的心也停止跳动了，可是接着我就觉得我四周的一切都变成崭新，而且全带着一种活的新鲜的气息了。

要了解他的语言的那种独特的、不可言说的美，必须亲自听他讲话，他的语言在外表上是不正确的，又充满着同样字句的再三重复，并且带着浓厚的乡村纯朴味。他的话的力量并不单是从他的音调的抑扬顿挫,和他的面部肌肉的颤动那儿来的,同时也是从他的眼睛的活动和光彩上面来的,那是一对我一生所见到的最善于说服人的眼睛。列·尼在那一对眼睛里面有着一千对眼睛。

有一天苏列尔、契诃夫、谢尔盖·里沃维奇①和另外一个人坐在花园里面谈论女人;他默默地听他们讲了许久,后来他突然说话了:

"我呢,等到我的一只脚踏进坟墓的时候,我就会说出关于女人的真话来。我说了,马上就跳进棺材里去,砰的一声把棺盖碰上。来捉我吧!"

他的眼光显得多么调皮,多么可怕,我们都沉默了好一会儿。

我觉得在他的身上同时存在着瓦希卡·布斯拉耶夫的那种喜欢侦察的大胆的调皮捣蛋,和阿瓦昆长老的顽固的心灵的一部分,此外(在这两样东西的上面或者旁

---

① 谢尔盖·里沃维奇(1863—1947):托尔斯泰的长子。写有一部回忆他父亲的《往事随笔》,一九五八年人民文学出版社出版了这个译本。

边），再加上恰达耶夫①的怀疑主义。我相信，是阿瓦昆的成分在说教，在折磨他的艺术家的灵魂，是那个诺弗戈罗德的调皮英雄把莎士比亚和但丁②都打倒了，是恰达耶夫的成分在嘲弄他的灵魂的这些娱乐，而且也嘲弄他的灵魂的痛苦。

他的身上还有古老俄罗斯人的成分，科学和国家就受到了这个古老俄罗斯人的打击，他因为想改善人类生活使它更合乎人道的多次努力都失败了，便走上了消极的无政府主义的道路。

这是很奇怪的事！《辛卜里西斯姆斯》的漫画家奥拉夫·古尔布朗生③凭了他的不可思议的直觉居然理解了托尔斯泰身上的布斯拉耶夫的性格。您仔细地看一下他的画：它跟真的列夫·托尔斯泰多么相像，在这一张有着一对隐蔽深藏的眼睛的脸上

---

① 彼·雅·恰达耶夫（1794—1856）：俄罗斯唯心主义的著作家。
② 威·莎士比亚（1564—1616）：英国剧作家；但丁（1265—1321）：意大利诗人。托尔斯泰在晚年否定了莎士比亚和但丁的作品。
③ 奥·古尔布朗生：一八七三年生，卒年不详；挪威画家，一九〇二年起担任慕尼黑 Simplicissimus 画刊的编辑。

我们可以看到那种大胆的智慧，它（那智慧）不承认世界上有什么神圣不可侵犯的东西，它更不相信"喷嚏，梦，鸟啼声"一类的东西！

这个老魔术家现在就在我的眼前，他对谁都是陌生的，他孤独地走遍了思想的沙漠去寻求包罗万象的真理，却始终没有为他自己找到它。我望着他，我虽然因为失掉他而感到多么大的悲痛，可是我因为见过这个人而感到的骄傲却减轻了我的痛苦和悲伤。

列·尼在一群"托尔斯泰主义者"的中间，这是一个奇怪的景象；一座庄严的钟楼耸立在那儿，它的钟永不疲倦地在全世界的上空响着，一群胆小的小狗在钟楼的四周跑来跑去，大家都跟着钟声在瞎叫，一面又互相猜忌地你望着我我望着你，好像在说：看谁叫得最好？我常常觉得雅斯纳雅·波良纳的房屋和潘宁伯爵夫人①的别墅都

---

① 潘宁伯爵夫人：彼得堡的一个有钱的贵妇。把她的加斯卜拉的别墅借给托尔斯泰全家，托尔斯泰养病的地方。

给这一群人拿伪善、卑怯、做生意和等遗产的精神玷污了。

这一群"托尔斯泰主义者"有些地方倒有点像那班专在俄国一些僻远角落游历的"香客",他们把狗骨头当作圣人遗骨拿给人看,同时还贩卖"埃及的黑暗"和圣母的"小泪珠"。我还记得这一群使徒中间有一个人在雅斯纳雅·波良纳不肯吃鸡蛋,说是怕使母鸡难过,可是在图拉车站上他却津津有味地大吃肉,一面还说:

"他说得过火了,这个小老头儿!"

他们差不多全喜欢叹气,喜欢拥抱;他们全有一双没骨头的容易出汗的手和一对会说谎的眼睛。同时他们全是些讲究实际的人,会把他们的世俗的事情处理得非常好。

不用说,列·尼很了解这些"托尔斯泰主义者"的真正价值;苏列尔席次基(托尔斯泰非常爱他,而且常常带着年轻人一样的热情和赞美讲到他）也不是不知道的。有一天在雅斯纳雅·波良纳，有人滔滔不绝地讲自己自从接受了托尔斯泰的教义以后，就过得多么幸福，他的灵魂就变得多么纯洁。列·尼把头向我伸过来，小声对我说：

"他在撒谎，这个光棍，不过他是为了想讨我欢喜。"

许多人都想讨他欢喜，可是我却没有见过谁做得很好，很巧妙。他几乎从不跟我谈起那些他常谈的题目，譬如普遍的宽恕，对邻人的爱，福音书和佛教等等，他一定早就看出来这一类的食物并不合我的胃口。我深深地感谢他这种态度。

只要他愿意，他也会变得非常地优雅，多感，而且温柔的；他的语言朴素得，优美得十分动人；然而有时候，正相反，他的话听起来叫人感到不舒服，叫人感到痛苦。他评论女人的话常常使我感到不痛快；在这一方面他粗俗得过火了，他的话里面总有一些故意做作的、不诚实的，而且是完全私人的东西。我们也许可以说，他受到过一次损害，就始终不能够忘记，也不能够宽恕。我跟他认识的那个晚上，他领我到他的书房里去（那是在莫斯科的哈莫弗尼基），让我坐在他的对面，他对我讲起《瓦连卡·奥列索娃》和《二十六个和一个》来。他的语调使我非常失望，弄得我不知所措，他说得很严厉，很残酷，他认为一个健康的少女不会有什么贞节的观念。他说：

"一个过了十五岁而且身体强健的女孩子就渴望男人来拥抱她，追逐她。她的理智对于她所不懂的那件未知的事还怀着畏惧心，这就是一般人所谓的贞操，贞节。可是她的肉体却已经知道那件她不能够了解的事是不可避免的，合法的了，她的肉体不管她的理智怎样地害怕，它却要求实行这个法则。至于您呢，您所描写的那个瓦连卡，她的身体很强健，而她在感觉上却害着贫血病。这是假的！"

然后他又讲起《二十六个和一个》里面的那个

少女，说了一大串"猥亵的"字眼，他说话的态度很直率，这种直率在我看来好像是冷嘲，并且使我有点恼怒了。后来我才明白他所以使用那些人们平常"不肯用的"字眼，只是因为他觉得它们更恰当，更正确，可是在那个时候我听起来却感到不舒服。我当时并不反驳他；突然间他变得很关心，很恳切，向我问起我的生活，我的研究，以及我平日在念些什么书。

"我听见别人说您念过很多的书。真的吗？柯罗连科是音乐家吧？"

"我想他不是音乐家。不过我不知道。"

"您不知道吗？您喜欢他的短篇小说吗？"

"是的，很喜欢。"

"这是因为对比的关系。他是抒情诗人，您却不是。您读过威尔特曼①吗？"

"读过。"

"他不是一个好作

---

① 亚·福·威尔特曼（1800—1870）：俄罗斯作家和考古学家，写过一些长篇小说。

家吗？活泼，恰当，而且不过火。他有时候比果戈理①还好。他懂得巴尔扎克。果戈理却摹仿马尔林斯基②。"

我对他说，果戈理也许受了霍夫曼、斯推恩③，或者还有狄更斯的影响，他望着我，问我道：

"您在什么地方念到的？没有吗？这不对。我不以为果戈理懂得狄更斯。可是说实在话，您念书真念得多。当心啊，这是不好的。柯尔卓夫④就是这样毁了的。"

他送我出来的时候，拥抱了我，吻了我，对我说：

"您是个真正的农人！您会觉得在作家们的中间生活是有困难的，不过，您不要害怕：您永远把您想到的话直说出来，即使话显得粗俗，也不要紧，聪明的

---

① 尼·瓦·果戈理（1809—1852）：俄罗斯作家。
② 亚·马尔林斯基：即"哥萨克马尔林斯基"，这是俄罗斯十二月党人作家亚·亚·别斯土日夫（1797—1837）的笔名。
③ 洛·斯推恩（1713—1768）：爱尔兰作家。
④ 阿·瓦·柯尔卓夫（1809—1842）：俄罗斯诗人。

人会懂得的。"

这第一次的会面同时给了我两种印象：我看见了托尔斯泰，我很高兴而且很骄傲；可是同时他跟我的谈话使我觉得有点像一次考试，而且我看见的好像并不是《哥萨克》①、《霍尔斯托美尔》②和《战争与和平》的作者，却是一位大绅士，他屈尊来跟我谈话，以为应该跟我讲"老百姓的语言"，就是讲广场上和街上用的那种语言，这把从前我脑子里所想象的他的面目推翻了，那一种面目却是我所熟习的，而且是我所宝贵的。

我第二次看见他是在雅斯纳雅。这是一个阴郁的秋天；在下着细雨，他穿了一件厚厚的呢外套和一双高统的皮靴，一双道地的防水长靴。他领着我到桦树林去散步。他像年轻人那样敏捷地跳过水沟、水荡，把他头上那些积着雨珠的树枝震摇几下，他又很出色地讲给我听宪欣就在这

---

①《哥萨克》：托尔斯泰的中篇小说。
②《霍尔斯托美尔》：托尔斯泰的短篇小说，一匹马的故事。

个树林里面对他解说叔本华的事情。他慈爱地伸手去摩抚桦树的润湿而光滑的树干，一面说：

"我最近读到了这样的诗句：

> 菌子已经没有了，可是在峡谷里，
>
> 还留着它们的潮湿的气味……

这很好，很真实！"

突然一只野兔从我们的腿下跑了出来；列·尼跳起来，非常兴奋，脸涨得通红。他照一个老猎人的习惯发出了一声叫喊。随后，他带着一种形容不出的微笑望着我，发出一阵聪明的合乎人情的大笑。在这一会儿他实在是非常漂亮。

另外一次，他在花园里面，望着一只老鹰。老鹰在家禽饲养场的上空飞来飞去；它画了一个圆圈，然后就轻轻地摆动它的翅膀，在空中停住了，它似乎还不能够决定马上就突击呢，还是应

该等一些时候。列·尼把腰伸得笔直,用手遮住眼睛,激动地喃喃说:

"这个强盗,它看中我们的鸡了。您看,它在那儿,……它在那儿……啊!它害怕了!车夫在那儿吧?我应当喊声车夫。……"

他喊了一声车夫。老鹰听见叫声,有点害怕,仓卒地向上高飞,歪斜着身子,飞得不见了。列·尼叹了一口气,清清楚楚地抱怨自己说:

"其实用不着叫,它自己会飞走的。……"

有一天我对他讲起梯弗里斯①,我提到了弗列罗夫斯基-别尔威②的名字。

"您认得他吗?"列·尼感兴趣地问道。"告诉我他是怎样的一个人。"

我告诉他弗列罗夫斯基是一个高身材的人,他有一部长须,人是瘦瘦的,眼睛很大,穿了一件帆布的长衣,腰带上挂着一袋在红酒里

---
① 梯弗里斯:俄罗斯外高加索的一个城市。
② 弗列罗夫斯基:瓦·瓦·别尔威(1829—1918)的笔名。俄罗斯经济学家和政论家。

煮过的米，还带了一把很大的阳伞做武器，他就这样地跟我两个人徒步走过了外高加索的崎岖的山路；有一天我们在一条小道上碰见了一头水牛，我们不得不一面张开阳伞吓唬那个野兽，一面冒着跌下悬崖去的危险，边战边走地小心退开了。

我突然看到了列·尼的眼里充满了泪水。这使我惶惑不安，我就闭口不讲了。

"不要紧，您讲下去吧，您讲下去吧！这是因为我很高兴听见您讲到一个好人的事情。他是一个多有趣的人！这正是我想象中的他的面目，一个特殊的人物。在所有的激进派的作家中间，他是最成熟、最聪明的一个；在他的《入门》①里面，他很正确地指出来：我们的全部文明都是野蛮的，而文化则相反，它是和平人民的产物，是弱者的产物，而不是强者的产物，所谓生存竞争不过是编造出来的谎话，是替坏事作辩护。

---

①《入门》：即《社会科学入门》。——巴黎版法译本注。

自然您不赞成这种见解吧？可是都德①却赞成；您记得他的《保尔·阿斯几耶》吗？"

"可是举个例，我们拿诺曼人②在欧洲历史上所起过的作用来说，这跟弗列罗夫斯基的学说怎么能够一致呢？"

"诺曼人吗，那又当别论了。"

他有着这样一个习惯：他不愿意回答别人的时候，他就说，"那又当别论了。"

我常常觉得（我相信我并没有错），列·尼不大喜欢谈文学，可是他对于文学家个人却很感兴趣。我时常听见他发出这样的问话："您认识他吗？他是什么样的？他生在什么地方？"他的论断差不多总是把一个人的特殊的面目表现出来了。

关于符·加·柯罗连科，他带着沉思的样子说：

---

① 阿·都德（1840—1897）：法国小说家。
② 诺曼人："北方人"，北日耳曼部族，他们在第八世纪末到第十一世纪曾对欧洲各国进行劫掠和侵略性的骚扰。

一封信

"他不是一个大俄罗斯①人,所以他了解我们的生活比我们自己还更正确,还更好。"

他讲到他带着慈父的感情爱着的契诃夫时,他说:

"医学妨害他。倘使他不是医生的话,他还会写得好一点。"

讲到一个年轻的作家,他说:

"他学英国人的派头,这一点是一个莫斯科人最不容易办到的。"

他不止一次地对我说:

"您是一个发明家,所有您那些库瓦尔达②都是您发明出来的。"

我告诉他库瓦尔达是一个真实的人。

"告诉我您在什么地方看见他的?"

我把我在喀山调解法官柯隆塔耶夫的办公室里第一次看见我那个

---

① 大俄罗斯人:即俄罗斯人,柯罗连科是乌克兰人,革命前乌克兰人常常被称为小俄罗斯人。
② 库瓦尔达:高尔基的小说《潦倒的人们》中的主人公,就是那个退伍的上尉。

库瓦尔达①的场面告诉了他,他哈哈地大声笑起来。

"白的骨头!"他笑着说,一面在揩他的眼泪。"是的!是的!白的骨头!可是他多可爱,他多有趣!您讲的比您写的更好。不,您是一个浪漫派,一个发明家,您还是承认吧。"

我对他说所有的作家大概都多多少少发明过一点东西,他们以为那些人物在实际生活中间应当是什么样子,他们就照什么样子把他们表现出来;我又对他说,我喜欢那些愿意使用任何手段(即使是暴力也好)去反抗生活里的恶的积极人物。

"然而暴力就是主要的恶!"他拉住我的胳膊大声说。"您这个发明家,您怎么能够去掉这个矛盾呢?您那位'我的旅伴'②就不是一个发明出来的人物。他很

---

① 照原文直译是"那个我后来用库瓦尔达的名字描写出来的人"。
② "我的旅伴":这是指高尔基的小说《我的旅伴》的主人公。

好，正因为他不是从您的脑子里想出来的。不过要是您专门靠想象的话，您就只会产生像阿马狄斯①和齐格弗利特②那样的武士……"

我回答说，只要我们一直生活在我们那些不可避免的人形"旅伴"的窄小圈子里的时候，我们的任何建筑物都是修筑在流沙上面，修筑在敌视的环境中间的。

他微笑了，用肘拐轻轻推了我一下。

"从这个，我们可以得出很危险的结论来。您是一个不可靠的社会主义者！您是一个浪漫派，而浪漫派却应当是君主主义者，他们过去都是这样的。"

"那么雨果③呢？"

"雨果，那又当别论了。我不喜欢他，他是一个爱嚷的人。"

他常常问我在读些

---

① 阿马狄斯：一本一半用西班牙文，一半用法文写成的一部小说 Amadis de Gaule 中的主人公，他的绰号是"狮武士"。
② 齐格弗利特：德国作曲家里·瓦格纳所作歌剧《齐格弗利特》(《尼泊龙指环三部曲》的第三部)中的勇士。
③ 维·雨果（1802—1885）：法国小说家和诗人，浪漫主义运动的领袖。

什么书，倘使我选择的读物是他所不满意的，他就会责备我，每次都是一样。

"吉朋①比柯斯托马罗夫②更坏。您应当念蒙森③。他的书很容易使人厌倦，然而它始终是很谨严的。"

他知道我读过的第一本书是《陈加诺弟兄》④，他就生气了。

"啊，您知道，这是一本内容空洞的小说。就是它把您弄坏了的。法国人只有三个小说家：司汤达⑤、巴尔扎克、福楼拜⑥；还可以加上一个莫泊桑⑦，然而契诃夫比他更好。至于贡古尔

---

① 爱·吉朋（1737—1794）：英国历史学家，他的主要著作是《罗马帝国衰亡史》（五卷）。
② 尼·伊·柯斯托马罗夫（1817—1885）：俄国历史学家，还写过几本历史小说。
③ 提·蒙森（1817—1903）：德国历史学家，他的主要著作有《罗马史》、《罗马币制史》等。
④《陈加诺弟兄》：法国小说家艾特蒙·德·贡古尔（1822—1896）在一八七九年写的长篇小说。
⑤ 司汤达：本名安·马·倍尔（1783—1842），法国现实主义作家。
⑥ 古·福楼拜（1821—1880）：法国现实主义作家。
⑦ 吉·德·莫泊桑（1850—1893）：法国现实主义作家。

一封信

弟兄①,他们不过是假装正经的丑角罢了。他们只是在一些没有用的书本中研究生活,而那些书又是一班像他们自己那样的发明家写的;他们以为自己做的是有益的工作,而实际上它对谁都没有用处。"

我不赞成他的这个意见,列·尼显得有点不高兴了。他难容忍反对的意见,而且有时候他的论断又是很古怪的,还是意气用事的。

他有一天对我说:

"所谓退化的事,是并不存在的,这是由意大利人龙布罗索②发明出来的,而犹太人诺尔道③又像一只鹦鹉似地把他的话讲来讲去。意大利是一个专出走方郎中和冒险家的国家;它只生出一些像阿列地诺④、卡沙

---

① 贡古尔弟兄两人都是法国自然主义小说家。哥哥就是《陈加诺弟兄》的作者艾特蒙;兄弟名儒勒(1830—1870),比哥哥早死。他们一直合作写了好些小说和关于十八世纪法国历史的著作。
② 塞·龙布罗索(1836—1909):意大利的医生和犯罪学家。
③ 马·诺尔道(1849—1923):德国医生和著作家,著过一部《退化论》(二卷)。
④ 比·阿列地诺(1492—1556):意大利讽刺文学作者。

诺瓦①、卡略斯特罗②一类的人……"

"那么加里波的③呢?"

"那是政治上的,那又当别论了。"

我对他谈起从俄国商人家族的历史中摘出来的一连串事实,他回答说:

"这不是真的,这是聪明的书本上写着的。"

我把我所认识的一个商人家庭的三代的历史对他讲了,在这一段历史里面退化的法则特别无情地起了作用;于是他兴奋地拉我的袖子对我说:

"这倒是真的! 我知道这个;在图拉有两家人是像这样的。应当把它描写出来,可以简简单单地写成一部大的长篇小说,您明白我的意思吗? 一定的!"④

他的眼睛亮闪闪地发光。

"可是这样又会写出些武士来的,列

---

① 乔·卡沙诺瓦(1725—1798):意大利的冒险家,著有《回忆录》十二卷。
② 亚·卡略斯特罗(1743—1795):意大利的大骗子,曾被判死刑,后减为无期徒刑。
③ 朱·加里波的(1807—1882):意大利的民族英雄。
④ 高尔基后来真的把它写出来了。这就是在一九二五年出版的《阿尔达莫诺夫家的事业》。

夫·尼古拉耶维奇！"

"不要管它！这是很有益的事情！那个为了好替全家祷告而出家修道的人，的确是了不起的！这是真实的：你们犯罪，我却为了解除你们的罪孽祷告。还有另外的一个人，那个厌倦生活爱财如命的兴家立业的人，也是真的！他爱喝酒，他是个粗暴的人，是个荡子，他对大家都爱，可是他突然间杀了人。啊！这真好！应当写这个，要在小贼和讨饭的人中间去找英雄是不行的，的确是不行的。所谓英雄，这是谎话，是发明出来的东西，只有平常的人，人，再没有别的了。"

他常常给我指出我的短篇小说中间的一些夸张的描写，可是有一天谈到《死魂灵》①的第二部的时候，他却带着好心的微笑对我说：

"我们全是很厉害的发明家！我也是一

---

①《死魂灵》：果戈理著的长篇小说。第二部的原稿被作者烧掉了，现在只剩下一部分的残稿。

样的。我们写作的时候，会突然对一个人物起了怜悯心，于是就给他添上一点好的性质，又给另外一个人物减去一点好的性质，为了使他不致显得比别人坏。"

可是他马上又用一个严厉的法官的庄严声调接着说：

"所以我说艺术是谎话，是欺骗，是专断，而且是对人有害的东西。人们并不是在描写真实的生活，并不照生活的本来面目描写，却是照他自己心目中的生活的面目来描写。我对这座塔，这个海，或者这个鞑靼人怎样看法，谁需要知道呢？这有什么趣味呢？这有什么用处呢？"

有的时候我觉得他的思想和他的感情是反复无常的，或者甚至于是故意做作的，然而在更多的时候，他的思想却又是极其坦白的，而且他正是由于他思想的十分坦白直率，使人佩服，使人惊讶，就像那个对残酷的上帝不断地发出责问的

一封信

大胆的约伯①那样。

有一天他告诉我:

"有一回,在五月尾我在基辅的公路走着。大地是一个乐园,万物都在欢笑,天空没有一片云,小鸟在歌唱,蜜蜂嗡嗡地哼着,太阳也很温和可爱,我周围的一切都像在过节日一样,是富于仁爱的,而且是壮美的。我感动得要流出眼泪来,我觉得我自己好像是一只蜜蜂,世界上最美的鲜花全给了我让我自由去采蜜,我觉得上帝似乎就在我的灵魂的近旁。我忽然看见路旁一丛灌木下面躺着一个男香客和一个女香客一上一下地搂在一块儿,两个人都是灰色的,肮脏的,年老的;他们像小虫似地蠕动着,一边喘气,一边小声讲话,这时候太阳却毫不怜悯地照着他们的青灰色的光腿和枯瘦的身体。我的灵魂都受到了打击。主啊,您,美的创造者,您难道没有羞耻心吗?

---

① 约伯:古乌斯地的一个富翁。他为人正直,敬畏上帝,后来遇到好些灾祸,他便责问上帝:为什么对待他太严。(见《旧约·约伯记》)

我难过极了。

"是的,您看见这是怎么一回事了。大自然,在那班'上帝之友'①看来,就是魔鬼的工作;它常常残酷地折磨人,而且不断地嘲弄他:它拿走了人的力量,却只给他留下了欲念。对一切有活的灵魂的人来说,这倒是真的。只有人才能够感觉到加在他肉体上的这种折磨的全部的羞耻和恐怖。我们一直把它负担在我们身上,就像它是一个不能避免的惩罚,然而这是为了什么罪孽呢?"

在他讲话的时候,他的眼睛起了奇怪的变化,一时变得像孩子的诉苦一样,一时又发出一种冷酷无情的光。他的嘴唇颤抖着,他的唇须竖起来。他说完了,从他那粗布衣服的口袋里拿出一块手帕,使劲地揩他的脸,虽然他的脸上并没有淌汗。然后他又用他那农人的结实的手的钩形指头梳理他的胡子,小声地重复说:

---

① "上帝之友":保加利亚的一种宗教分派。——莫斯科版英译本注

"是的,是为了什么罪孽呢?"

有一天我跟他一块儿在从久里别尔到阿依-托多尔的下行的公路上走着。他像一个年轻人似地迈着轻快的步子,比平日多少兴奋一点地说:

"肉体应当是精神的驯服的狗,服从着精神的差遣,而我们呢,我们怎样生活呢?肉体骚动着,反抗着,而精神却悲惨地、毫无办法地跟着它跑。"

他用力擦他的胸膛,擦那心脏所在的地方,竖起眉毛,继续追叙他的回忆:

"有一年秋天在莫斯科,苏哈列夫塔的附近,一条冷静的小街上,我看见一个喝醉酒的女人;她睡在人行道上。从一个人家的院子里流出一道污水,正流到她的后颈和背下面;那个女人睡在这样冷的油水里面,口里喃喃地不知道在说些什么,一面在挪动身子,她的身子在湿地上挣扎着,可是终于爬不起来。"

他打了一个冷噤,眯起眼睛来,摇摇头,小声说:

"我们在这儿坐一会儿吧。……一个喝醉酒的女人……这是最可怕、最可厌的东西。我本来想去帮忙她站起来,可是我不能够,我太厌恶了:她是那样地黏湿滑腻;人要是挨到她,恐怕过了一个月还不能够把手洗得干净;多么可怕!在这个时候,一个金头发灰眼睛的小孩坐在旁边人行道的缘石上;眼泪沿着他的脸颊流下来,他吸着鼻涕,用一种疲倦的、失望的声音反复地说:'妈……妈,妈妈,你站起来……'她动了动她的胳膊,喉咙里发出响声,抬起了头,但是又倒下去,后脑袋又陷在污泥里面了。"

他不作声了,随后他向四周望了望,用了几乎听不出来的声音担心地反复说:

"是的,是的,叫人害怕!您见过很多喝醉酒的女人吧?很多,啊!我的上帝!您不要描写这个，这是不应当写出来的！"

"为什么呢？"

他对直望着我的眼睛，带笑地跟着我说一遍："为什么呢？"

然后他带着思索的神情慢慢地说：

"我也不知道。我这样觉得……不好意思写丑恶的事情。然而，为什么不写呢？什么都写，什么事情都应当写……"

他的眼睛里涌出了泪水。他揩了它们，他一直带笑地看他的手帕，可是眼泪又流下他的脸颊来了。

"我哭了，"他说。"我是一个老年人了，我每逢想起什么可怕的事情，我的心就紧了。"

他用肘拐轻轻地推了我一下：

"您也会是这样，将来您活到老年的时候，一切都会照旧不变，那个时候您也会哭，而且比我哭得更多，像乡下女人所说的，眼泪水'流得像小河一样'。……然而什么都应当写，全写出来，否则那个金头发的小孩会怨恨我们，责备我们的。'这不是真的，这不全是真的'，他会这样说。他呢，他严格地要求真实。"

他猛然把全个身子抖了一下，用一种亲切的声音向我要求说：

"现在您给我讲点什么故事吧，您讲得很好。讲点您自己的事，您小孩时候的事。人很难相信您也做过小孩来的，您是个多么古怪的人。好像您生下来就是个成人似的。在您的思想里面，却有很多小孩的、不成熟的东西，可是您对生活已经知道得够多了；不应当再多了。来，讲吧……"

他在一棵松树下面安适地躺下来，睡在松树的外露的根上，望着那些小蚂蚁在灰色的松针中间忙碌奔走。

南方大自然的那种绚烂色彩是北方的人所不大熟习的，在这样的大自然里面，在欣欣向荣的葱茏的草木的中间,他,列夫·托尔斯泰——他的姓名①就显露出来内在的力量!——这个全身疙疙瘩瘩,好像完全由深埋在地下的结实树根做成的瘦小的人,我再说一遍,在克里米亚的绚烂夺目的大自然里面,他一方面显得很适合,一方面又显得不适合。他倒像是一个很古很老的人,好像是这整个区域的主人,一个主人和一个创造者,他离开了他自己创造出来的这个领地一百年以后,现在回来了。他已经忘记了许多东西,还有许多东西却是他从未见过的;现在一切都齐整有序地排列在那儿,可是也并非全是这样,所以他得立刻看出来哪一些东西不成,而且为什么不成。

他用了像一个勘察土地的专家那样的敏速而急迫的步子走遍了大路小路,他那对锐利的眼睛连一粒小石子或者一个思想也不会放过,他用

---

① "列夫"这个俄国字的意思是狮子;"托尔斯泰"的意思是壮、大。

这对眼睛观察，测量，试探，比较。他尽量地在他的周围散布他那不能驯服的思想的活种子。他对苏列尔说过：

"列伏希卡：你，你什么书也不念，这不好，因为这是自负；而高尔基恰恰相反，他念得太多，可是这也不好，这是缺乏自信心。我呢，我写得太多，这也是不行的，因为我这样做是由于一个老年人的自尊心，由于我想使大家都跟着我一样地思想的欲望。不用说，我认为这对我是好的，而高尔基却以为这对他是不好的；至于你呢，你一点儿也不去想，你只是眨着眼睛，打算抓住随便哪一样能够到手的东西。你将来会抓住一样跟你毫不相干的东西，这样的事情你已经做过。你会抓住它，会把它捏住一会儿，可是等到它自己开始从你手里挣脱出去的时候，你一点儿也不去抓牢它。契诃夫写过一篇很好的短篇小说《宝贝儿》，你有点像那个女主人公。"

"在哪一点上?"苏列尔笑着问道。

"你会爱,然而你不知道选择,你把你的工夫都花在那些琐细的事情上面。"

"不是所有的人全这样的吗?"

"所有的人?"列·尼跟着说了一遍,"不,并不是所有的人。"

他突然掉过头来问我一句话,好像他要一下子打中我似的:

"为什么您不相信上帝呢?"

"我没有信仰,列夫·尼古拉耶维奇!"

"这不是真的。拿天性来说,您是一个信仰者,您不能够一直没有信仰。您自己不久也会感到。您现在之所以不相信,这是因为您固执,您怀恨:这个世界并不是照您所想望的那个样子创造的。也有一些人是因为胆小而不信上帝的;有些年轻人就是这样。他们崇拜一个女人,却不愿意向她表示,因为他们害怕她不了解,同时也因为他们自己缺乏勇气。信仰跟爱情一样：也需要勇气，需要胆量。您应当对自己说：'我有信仰，'那么一切都会顺利的，一切都会照您所愿望的那样实现的，都会自己解释得很明白，而且会把您吸引住的。您也是这样，您爱得很多，而信仰也不过是加强了的爱罢了，您应当爱得更热烈些，那么您的爱就变成信仰了。一个男人爱上一个女人的时候，这个女人便是世界上最好的；每个男人永远爱着那个最好的女人，这已经是信仰了。凡是没有信仰的人，就不能够爱。他今天爱一个女人，下一年他又会爱上另外一个了。这种人的灵魂是一个流浪者。它是不会结果实的，这是不好的。您是一个天生的信仰者，用不着故意跟自己反对。您不是常常讲到美吗？可是什么是美呢？上帝就是最崇高的而且最完美的。"

以前他差不多从没有跟我讲过这个题目，现在它突然地被提出来，再加上它又是那样地重要，

这把我弄得有点不知所措了。我不作声。他盘着两只脚坐在沙发上,胡子下面露出了胜利的微笑,他拿手指头威胁一般地指着我,说:

"您不开口,是不行的,不成!"

我,这个不信上帝的人,我也不知道为了什么缘故,却很小心地而且有点畏惧地望着他;我一面望着他,一面想道:

"这个人倒像上帝!"